APOLOGUES

MODERNES,

A L'USAGE

DU DAUPHIN.

APOLOGUES

MODERNES,

A L'USAGE

DU DAUPHIN,

PREMIERES LEÇONS

DU FILS AINÉ

D'UN ROI.

Aux femmes & aux rois,
Il faut parler par Apologues.

A BRUXELLES.

1 7 8 8.

PREMIÈRES
LEÇONS

DU FILS AINÉ

D'UN ROI.

Par un Député préſomptif aux futurs Etats-Généraux.

Aux femmes & aux rois,
Il faut parler par Apologues.

A BRUXELLES.

1789.

APOLOGUES

MODERNES.

PREMIERE LEÇON.

PROMÉTHÉE.

Jusqu'apréent les mythologues ont mal raconté l'hiftoire allégorique de Prométhée. Voici le fait : Cet ingénieux artifte de l'antiquité ayant pétri de l'argile dans de l'eau , en compofa plufieurs figures d'hommes qu'il anima avec le feu élémentaire. Il fe complaifoit dans fon ouvrage , comme un pere dans fes enfans. Tout alla d'abord affez bien. Mais un jour, en rentrant dans fon attelier, quel fpectacle s'offre aux yeux de Prométhée. Ces hommes à qui il avoit donné une même exiftence , & qu'il avoit formé du même limon, fe prirent de querelle entr'eux pendant fon abfence : en forte qu'ils s'étoient battus & mutilés les uns les autres. Ils avoient fait pis encore. Quelques-uns profitant du défordre géné-

ral, foit par rufe, foit par force ou autrement, s'étoient foumis leurs femblables au
point que ceux - ci, profternés à leurs pieds,
ofoient à peine lever les yeux, & leur obéiffoient
au premier gefte. Que vois-je ! dit Prométhée
en fureur. J'avois cru faire des hommes, & non
des efclaves & des maîtres. Maudite engeance !
Je vous avois créés tous égaux. Avec le fouffle
de la vie, je vous avois animé auffi de l'efprit
de la liberté ! Vous avez donc laiffé éteindre
ce flambeau. Allez ! Je vous renie pour mes enfans.
Je vous abandonne à votre mauvaife deftinée, &
me répens de mon ouvrage.

Prométhée les quitta en effet, & fe retira fur
le Mont-Caucafe. Mais fon cœur emporta avec
lui le trait qui l'avoit déchiré. Le remords d'a-
voir donné naiffance à des efclaves, en créant
les hommes, le confuma lentement & lui fit fouffrir une douleur pareille à celle que fouffriroit un
malheureux dont les entrailles renaîtroient, laf-
cérées fous la dent d'un vautour.

LEÇON II.

LE TOCSIN.

EN ce tems-là ; un étranger , en entrant dans la capitale d'un grand Empire , entendit fonner pendant long - tems le tocfin. Il interrogea les gens de la ville pour favoir quel malheur étoit arrivé. Y auroit-il quelque part un incendie ?

Non , lui répondit quelqu'un ; mais nous cé- lébrons la naiffance d'un prince qui peut-être un jour , ajouta-t-il à voix baffe , fera un in- cendiaire. La même cloche devoit fervir à annon- cer deux événemens à-peu-près femblables. Il y a cependant cette différence entr'eux : c'eft qu'on a établi des corps de pompes pour éteindre les incendies ; mais on n'a pas encore promulgué un corps de loix pour arrêter les incendiaires.

LEÇON III.

L'ÉPREUVE.

EN ce tems - là ; il étoit un roi orgueilleux qui
fe croyoit pétri d'un autre limon que ceux qui
vouloient bien lui obéir. Le fénat, placé entre lui
& le peuple pour fervir de médiateur, s'affembla,
& convint de lui faire une remontrance à ce fujet.
La reine étoit enceinte, & prête d'accoucher. Un
vieux magiftrat fe leva du milieu de l'affemblée,
& propofa l'expédient fuivant, pour corriger le
prince. Au moment de la naiffance de l'enfant
royal, on préfentera au pere trois enfans nés à la
même heure, & on lui laiffera le foin de choifir quel
eft le fien. On lui dira en même-tems que, puifque
les rois & leurs fucceffeurs naiffent pour le trône,
pétris d'un autre limon que le refte de leurs fujets,
il n'aura point de peine à diftinguer l'enfant royal
qui lui appartient. Le roi furieux, mais fort embarraffé, héfita long-tems, & choifit enfin pour
fon fils le fils du concierge du château. Alors le
chef du fénat lui dit : Si l'œil du pere balance, &
même fe trompe fur le choix de fon propre enfant,
avouez, prince, que le fils du pâtre naît l'égal du

fils du roi ; qu'un homme ne peut fe dire roi - né ;
qu'il ne fort pas du ventre de fa mere , tout coëffé
d'une couronne ; que c'eft le peuple qui la confie
à qui bon lui femble ; en un mot , qu'un fouverain
n'eft que *primus inter pares.*

LEÇON IV.

LE ROI GARDEUR DE COCHONS.

En ce tems-là ; un jeune roi étoit enclin à la
débauche, même à la crapule ; c'étoit un vice héréditaire. Les états-généraux , tuteurs - nés du
fouverain, qui n'étoit jamais émancipé pour eux ,
s'affemblerent & concerterent un moyen de corriger le jeune prince. Un jour qu'il s'étoit livré tout
entier à fon penchant ignoble , plongé dans un
profond fommeil , on fe faifit de fa perfonne
royale ; & de fon palais , on le tranfporta tout
endormi dans une étable , fur une litiere. A fon
réveil , le jeune prince put à peine en croire fes
yeux. Il ne fait s'il rêve encore. Il ne retrouve plus
fon trône, fa couronne, fon fceptre, ni fes maî-
treffes pour le careffer , ni fes valets pour le fervir,
ni fes flatteurs pour l'exciter à de nouveaux excès.
Il veut commander ; des pâtres prévenus accourent

à sa voix, & le traitent sur le pied de la plus parfaite égalité. En vain le prince menace & réclame
son autorité. On l'accuse d'avoir la tête aliénée, &
on l'entraîne, malgré lui, à la garde du plus vil
des troupeaux. Enfin, après quelques jours de cette
épreuve, on saisit un moment de sommeil pour
le replacer sur son trône. Le Prince ne fut point
tout-à-fait dupe de tout cela ; mais il n'eut pas
le bon esprit de profiter de la leçon tacite. Il re-
tomba bientôt dans son vice héréditaire. Alors les
états-généraux conclurent à le dépouiller tout-à-
fait de sa dignité, pour laquelle il ne paroissoit pas
né ; & le condamnerent, tout de bon, à passer le
reste de ses jours au milieu du vil troupeau dont il
avoit les mœurs.

LEÇON V.

LE ROI NAIN.

EN ce tems-là ; un prince souverain mettoit sa
vanité à ne composer son nombreux domestique
que de valets de la plus haute taille. Il n'eut qu'un
fils, lequel avoit une stature qui n'étoit précisé-
ment élevée qu'autant qu'il en falloit pour qu'il
ne fût pas tout-à-fait un nain. A la mort de son

pere, le fils régnant à fon tour, fignala les premiers jours de fon regne par fubftituer un peuple de nains à tous ces grands valets qui bleffoient depuis trop long-tems fa vue & fon amour-propre. Ne voyant autour de lui que de petits hommes, il ne tarda pas à oublier qu'il y en avoit de plus grands que lui, qui en effet étoit le plus haut de tous ceux qui le fervoient. Malgré toutes les précautions qu'on prenoit pour qu'il ne fe préfentât à fes yeux que des hommes encore plus petits que lui, un grand homme vint à bout de pénétrer dans fon palais , & jufqu'en fa préfence. Il fut traité de *monftre* , & mis comme tel dans la ménagerie du prince.

LEÇON VI.

LEÇON D'ARCHITECTURE.

COMMENT appelle-t-on ces figures humaines qui fervent de colonnes pour foutenir l'architrave de ce palais ? demanda un jour un jeune prince à fon gouverneur.

On les appelle *Cariatides.*

Que veut dire ce mot ?

C'eft le nom des habitans de la Carie.

Pourquoi avoir donné cette forme & ce nom à ces pilaſtres ?

Pour éternifer le châtiment de ce peuple traître, qui s'étant ligué avec les Perſes contre ſes freres, les autres Grecs, fut paſſé au fil de l'épée; on réduiſit les femmes en ſervitude.

Les architeſtes modernes, qui n'avoient pas le même motif que les anciens de conſerver cet ordre, en firent cependant uſage dans une autre intention. Comme ces figures coloſſales ne s'emploient ordinairement qu'aux palais des rois, les rois ne peuvent jetter les yeux ſur leurs palais, ſans réfléchir que leurs ſujets reſſemblent aux Cariatides qui ſoutiennent le balcon où ils ſe promenent. Si la charge eſt trop lourde, le peuple ploye & ſe briſe ; mais, dans ſa chûte, il entraîne ceux qui peſoient ſur lui.

LEÇON VII.

LEÇON D'ARITHMÉTIQUE.

EN ce tems-là ; un jeune roi très-jeune en étoit encore aux élémens de l'arithmétique. Son maître de mathématiques, qui n'étoit point un courtiſan, lui donna un jour cette leçon.

Un roi, par exemple, eſt dans ſon royaume, comme l'unité : s'il ſe trouvoit tenté de ne regarder chacun de ſes ſujets que comme un zéro, on pourroit lui faire obſerver que ce ſont les zéros qui donnent une valeur à l'unité. Plus on les multiplie, plus l'unité compte. L'unité, réduite à elle-même, ne ſeroit rien. Elle leur doit tout ce qu'elle vaut. Il y a pourtant cette différence importante entre les zéros en politique & les zéros en arithmétique, c'eſt que les derniers ne peuvent entrer en compte ſans l'unité qui leur donne une exiſtence, & de laquelle il ne peuvent ſe paſſer. Les premiers, au contraire, font tout pour l'unité qui ne fait preſque rien pour eux.

LEÇON VIII.

LA LEÇON D'ARMES.

EN ce tems-là, un roi apprenoit à faire ce qu'on appelle des armes, & il n'étoit pas des plus adroits ; preſque toutes les fois qu'il s'eſcrimoit, il ſe bleſſoit lui-même, ou bleſſoit ceux contre qui il tiroit. Quelqu'un préſent à ſes exercices, oſa bien lui dire un jour :

Prince, croyez-moi, défaites-vous de votre

fceptre , comme de votre épée ; car il eft encore
bien plus difficile de porter l'un que de manier
l'autre ; & les coups de mal - adreffe font d'une
bien plus grande conféquence.

LEÇON IX.

COURS D'ANATOMIE.

EN ce tems-là ; un jeune roi , enclin au defpo-
tifme , parut defirer faire fon cours d'anatomie. Le
fénat ordonna qu'on lui en feroit les démonftrations
fur le fquelette d'un tyran nagueres décapité juri-
diquement. Le jeune prince en fut prévenu dès les
premieres leçons ; & ce cours lui valut un traité de
morale.

LEÇON X.

L'ÉLEVE EN CHIRURGIE.

EN ce tems-là ; un jeune Roi , qui ne refpiroit
que la guerre , fut fait prifonnier. Le vainqueur gé-

néreux , pour toute fatisfaction , obligea le jeune prince captif d'affifter, en qualité d'éleve , au panfement d'un hôpital d'armée : puis on le renvoya à fes fujets , qui applaudirent tout bas à la leçon.

LEÇON XI.

LA STATUE RENVERSÉE.

EN ce tems-là ; un prince ombrageux fe prome nant dans une place publique de fa capitale , apperçut fa ftatue renverfée.

Quel eft le téméraire qui m'a fait cet outrage ? Qu'il meure !

Prince , lui répondit-on , c'eft le tonnerre.

LEÇON XII.

LES DEUILS DE COUR.

EN ce tems-là : j'entrai un jour dans la capitale d'un grand empire. Les habitans étoient en

deuil. Hommes & femmes, tous étoient vêtus de
laine. La foie, l'or & les pierreries avoient difparu.
Jufqu'aux armes, tout avoit pris la livrée de la
trifteffe. Inquiet de ce fpectacle, je pris des in-
formations !

De quelle calamité la ville eft-elle affligée, ou
menacée? A-t-elle perdu fon roi, fa reine, quelques-uns des princes de la race impériale? Et ces
princes valent-ils les frais & les incommodités du
deuil?

Non, me répondit un citoyen. Un fouverain du
fond du nord vient de mourir, & on porte fon
deuil.

Il a donc rendu de grands fervices à la nation?

Au contraire, il lui a enlevé une province
entiere, & n'a accordé la paix que faute de
combattans.

Et c'eft pour un tel prince qu'un peuple étranger
au mort, couvre fes habits de *pleureufes!* En ce
cas, que fait-il, quand il a perdu fon propre roi,
ou quelques grands hommes?

Le plus grand philofophe eft mort à la même
époque; mais, loin de lui accorder les honneurs
d'un deuil public, on refufa à fes mânes ceux de
la fépulture.

LEÇON

LEÇON XIII.

L'IMPÔT SUR LE SOMMEIL.

IL étoit une fois un roi (c'eft ainfi qu'en ce tems-là on étoit convenu par décence d'appeller un tyran). Il étoit un roi qui propofa, en plein confeil, un prix à celui qui imagineroit quelque nouvel impôt. On en avoit déjà tant créé, que le cerveau le plus fécond des plus intrépides miniftres de la finance étoit épuifé. Un des membres du confeil opina pour lever un impôt fur l'ombre que donnent les arbres aux pauvres gens de la campagne. Le roi, émerveillé d'une telle invention, fe préparoit déjà à couronner l'inventeur, & même à lui donner la régie de ce nouveau droit, lorfqu'un autre confeiller fe leva, & dit : mais, quand il ne fait plus de foleil, & fur-tout en hiver, il feroit auffi par trop injufte de faire payer l'ombre même dont on feroit privé; il faut de l'équité en tout. Je ferois plutôt d'avis de lever une impofition fur le fommeil (1); taxe d'autant plus importante, qu'on dort tous les jours, & qu'en ou-

---

(1) L'empereur Vefpafien mit un impôt fur les urines.

B

tre, dans un cas urgent, fa majefté pourroit or-
donner à fes fujets l'ufage des narcotiques.

Sa majefté leva les mains au ciel, en admirant
toute l'étendue, toutes les reffources du génie de
l'homme, & fit fon favori du confeiller qui avoit
fi heureufement opiné.

LEÇON XIV.

LES TROIS GAMBADES.

EN ce tems-là : un fage, député de fa province
auprès du fouverain, pour en obtenir la ceffation
d'un impôt, fut admis à l'audience à fon tour. Le
fouverain, bien jeune encore, répondit à la re-
quête en ces termes :

Je vous a ccorderai tout ce que vous me deman-
dez, fi vous confentez à déroger, pour un moment,
à la gravité de votre perfonnage, en vous réfol-
vant à faire trois gambades en préfence de toute
ma cour.

Le notable répliqua :

Prince ! je ne fuis pas plus familiarifé avec les
gambades d'un finge, qu'avec les courbettes d'un
courtifan. Puifque l'impôt ne tenoit qu'à cela, les
gens de votre fuite m'acquitteront de refte. Mais

choififfez de commander à des hommes, ou à des finges. Le même roi ne peut l'être des uns & des autres à la fois.

LEÇON XV.

LA LAMPE ET L'HUILE.

E N ce tems-là : un jeune fouverain, ami du fafte, multiplioit tous les jours les impôts. Le fénat lui fit enfin des remontrances ; il fe contenta de répondre :

Pour éclairer, la lampe a befoin d'huile.— Sans doute , reprit courageufement le chef de la ma giftrature ; mais il ne faut point d'huile par-deffus les bords de la lampe : il fuffit que la mêche en foit imbibée ; elle s'éteindroit , fi elle en étoit inondée.

LEÇON XVI.

LA REMONTRANCE.

E N ce tems-là ; un jeune prince, oubliant les principes de fon éducation , à peine monté fur le trône, vouloit envahir une petite province qui touchoit à ſes frontieres, & dont les habitans, à l'abri ſous les haillons de la pauvreté, avoient juſqu'alors vécu libres.

L'ancien gouverneur du nouveau monarque, inſtruit des mauvais deſſeins qu'on lui ſuggéroit, réſolut de faire uſage de l'aſcendant que le tems n'avoit pas encore pu lui faire perdre ſur l'eſprit de ſon éleve. Il le pria de l'accompagner ſur le ſommet d'une haute montagne qui dominoit le palais impérial. Arrivés-là tous deux, le gouverneur dit à ſon éleve : remarquez-vous combien les objets d'ici perdent de leur volume. Vous avez les yeux moins fatigués que les miens ; dites-moi ſi vous appercevez le petit canton contre lequel vous vous propoſez de conduire une partie de votre armée.

Non, mon ami, dit le jeune prince. Je vous avoue que je ne puis le diſtinguer. Il eſt comme perdu dans la foule des objets qui s'offrent ici à nous de toutes parts.

O mon auguſte éleve, reprit le gouverneur ; la conquête d'un petit coin de terre, à peine ſenſible, peut-elle avoir aſſez de charmes, peut-elle devenir un objet aſſez important pour votre gloire ? Cette conquête ajoutera-t-elle un fleuron de plus à vôtre couronne ? Croyez-moi, laiſſez en paix vos voiſins ; ſouffrez qu'ils vivent libres, à l'ombre de votre trône ; & ne convertiſſez pas pour eux votre ſceptre en verge de fer. Ils perdroient tout, & vous n'y gagneriez presque rien.

LEÇON XVII.

LA CONSULTATION.

EN ce tems-là : un souverain jeune encore consulta un philosophe en ces termes : qui m'empêcheroit de prétendre aux honneurs divins? Un homme, comme moi, le mérite peut-être tout autant que les animaux & les plantes de l'Égypte & d'ailleurs. Ainsi donc, un édit proclamé aujourd'hui me vaudra demain des autels & de l'encens.

Prince! lui répondit l'ami de la sagesse, croyez-moi, les plantes & les animaux ont joui des honneurs divins en Égypte, peut-être parce qu'ils ne les ont pas demandés aux hommes. Car il se pourroit bien que les hommes fussent aussi avares d'encens exigé ou mérité, qu'ils sont prodigues d'encens volontaire & gratuit.

LEÇON XVIII.

LES TROUS ET LES TACHES.

E N ce tems-là : un philosophe fut un jour mandé à la cour. C'est bien ici le cas, dit-il en partant, de prendre mon manteau. De son côté, le prince, pour le recevoir, s'étoit aussi revêtu du sien, afin de lui en imposer davantage.

En présence l'un de l'autre, le roi dit au philosophe, après l'avoir examiné de la tête aux pieds :

Homme sage ! votre manteau a des trous.

Le sage, examinant le roi à son tour, lui répliqua :

Prince, le vôtre a des taches.

LEÇON XIX.

LA MÉPRISE.

E N ce tems-là : un sage fut mandé au palais d'un souverain. Il y va. Les portes des apparte-

mens étoient ouvertes. Il entre jufqu'à ce qu'il
rencontre à qui parler. Il s'arrête & converfe avec
deux ou trois perfonnages couverts d'or. Après
quelques momens d'entretien , il leur dit : Le tems
m'eft cher, faites-moi parler à votre maître. — Le
fage s'étoit mépris ; au maintien & au langage du
maître & de fes courtifans , il les avoit pris
pour des valets.

LEÇON XX.

LE LEVER DU ROI.

EN ce tems - là : un fage , fous les dehors d'un
courtifan, fut admis au lever d'un roi. Quand
fon tour d'amufer fa majefté fut arrivé, il lui dit :
Il étoit une fois un roi qui , à fon avénement au
trône , fit enlever de l'intérieur de fon palais toutes
les horloges & autres inftrumens propres à marquer
le tems. Il partagea fa befogne de roi en vingt-
quatre parties égales ; vingt-quatre miniftres choifis
& éprouvés venoient tour - à - tour lui annoncer
l'heure de la journée , en lui propofant un nouveau
travail.

Ce fouverain ne dormoit donc pas , dit au
conteur fa majefté écoutante ?

B iv

Non, prince! ce roi ne dormoit point. Il penſoit que, pour être bon roi, il falloit avoir la faculté de ne point dormir.

Mais cela eſt impoſſible, reprit ſa majeſté écoutante. Je n'aurois point accepté la couronne à ce prix. Regner, pour ne point dormir! . . .

Auſſi, répliqua le faux courtiſan, ce n'eſt qu'un conte à dormir debout que je fais à ſa majeſté.

LEÇON XXI.

LES SPECTACLES DE LA COUR.

UN ſouverain nourriſſoit ſes hiſtrions avec le pain de ſes pauvres ſujets; il faiſoit plus : il contraignoit ſes pauvres ſujets à jeun à venir applaudir aux chants & aux geſtes de ſes virtuoſes engraiſſés de leurs ſueurs. Un jeune étranger, témoin des fêtes brillantes qui ſe donnoient à la cour du roi, s'en retournoit émerveillé. Le bon prince, s'écrioit-il! Il daigne partager ſes plaiſirs avec tout ſon peuple. Oui, dit quelqu'un, cette nation ſeroit la plus heureuſe de la terre, ſi elle n'avoit que des yeux & des oreilles : il ne lui manque que du pain.

LEÇON XXII.

LES RÉJOUISSANCES PUBLIQUES.

EN ce tems-là : c'étoit la fête du roi; il fit afficher des placards dans tous les carrefours de chaque ville de fon empire :

Aujourd'hui, fête du monarque; deux fontaines de vin couleront dans toutes les places publiques, depuis le lever du jour jufqu'au milieu de la nuit. Que notre bon roi eft généreux ! difoit le peuple.

Un homme, qui fe trouvoit pour lors dans la foule, s'écria :

Malheur au peuple dont le roi eft généreux ! Le roi ne peut donner que ce qu'il a pu prendre à fon peuple. Plus le roi donne, plus il a pris au peuple. On n'eft point avare du bien d'autrui.

LEÇON XXIII.

VERSAILLES ET BICÉTRE.

EN ce tems-là : c'étoit la fête d'un prince; il avoit daigné ouvrir au peuple les portes de fon palais ; & les plébéiens s'y précipitoient en foule. Ils n'avoient pas affez d'yeux, ils ne les avoient pas affez grands, pour voir & admirer la magnificence & la richeffe des ameublemens. Ils ofoient à peine pofer le pied fur les tapis précieux ; & ils fe gardoient bien d'approcher trop près des glaces, dans la crainte de les ternir par leur haleine. Un homme, au milieu de la foule, étudioit en filence les paffions diverfes du cœur humain. L'admiration ftupide de tous ces individus l'indigna à la longue ; il ne put s'empêcher de leur dire, en hauffant les épaules :

Eh! mes amis! ne vous extafiez pas tant fur le fort du maître de ce palais. Rien ici n'eft à lui. Il n'eft heureux que de vos bienfaits ; il ne vit que d'emprunts. Qui eft-ce qui lui a coulé ces glaces fuperbes? Ce font des manufacturiers pris d'entre vous. Qui eft-ce qui lui a fculpté ces lambris ; qui eft-ce qui les a revêtus d'or? Ce font des artiftes pris d'entre vous. Qui eft-ce qui lui a dreffé ce lit voluptueux? Ce font des ouvrieres habiles d'entre vous. Qui eft-ce qui a tiré de la carriere les matériaux qui compofent ce temple du luxe ; qui eft-ce qui les a taillés & pofés à leur place? Ce font des gens robuftes d'entre vous. Si chacun de vous emportoit d'ici fon ouvrage, le maître de céans fe trouveroit plus pauvre & plus embarraffé que chacun de vous. Il vous donne du pain pour toute cette befogne. Mais pourquoi en mange-t-il plus

que' vous, & de meilleur que le vôtre ; & pourquoi ne le gagne-t-il pas comme vous à la fueur
de fon front? Il eft votre égal, & il croit vous faire
une grace, & s'acquitter, en vous admettant dans
ce palais bâti par vous..... Voilà, mes amis, ce
qui devroit vous ébahir.....

LEÇON XXIV.

WESTMINSTER.

LES rois d'Angleterre font couronnés & inhu-
més à l'abbaye de Weftminfter. C'eft une affez
bonne leçon qu'on pourroit donner aux monar-
ques, que de leur faire remarquer ce rapproche-
ment dans lequel peut-être on n'a mis aucune intention; mais il faut profiter de tout, pour faire
naître des penfées falutaires dans l'efprit aride ou
récalcitrant de la plupart des rois. On pourroit
donc leur dire : Princes ! fongez que là où vous
prenez la couronne, vous devez la dépofer, peut-
être plus vîte que vous ne penfez. Mais n'attendez
pas ce moment pour la nétoyer des fouillures que
vous auriez pu lui faire contracter. Sur-tout ne la
teignez pas du fang de vos peuples. Tôt ou tard,
vous en feriez puni ; craignez que le peuple, las

de fouffrir un roi defpote, tandis qu'il peut fe paffer même d'un bon roi, ne vous remene au lieu où il vous a couronné; mais s'il vous y mene une fois, fongez que ce fera pour n'en jamais fortir.

LEÇON XXV.

LA STATUE D'ALEXANDRE.

EN ce tems-là : quelqu'un fatigué d'une longue courfe dans un parc d'une vafte étendue, s'affit fur une ftatue renverfée. Ce ne fut qu'en fe levant qu'il s'apperçut qu'il s'étoit repofé fur la ftatue d'Alexandre. Je ne m'attendois pas, s'écria-t-il, que je devrois un moment de repos au plus grand perturbateur du genre humain.

LEÇON XXVI.

L'UTILITÉ DES STATUES D'UN TYRAN.

EN ce tems-là : un mauvais roi fe fit dreffer une ftatue coloffale ; & fes fujets, épuifés d'impôts, murmuroient toutes les fois qu'ils paſſoient au pied de ce monument. Quelqu'un, voyageant vers le milieu du jour, ſe repoſa ſur les degrés du piedeſtal, à l'ombre de la ſtatue, & dit aſſez haut pour être entendu : Béni le prince dont l'effigie ſeule eſt déjà un bienfait. ——— C'eſt un tyran, lui répondit un citadin à l'oreille, & ce bronze eſt compoſé de la dépouille du pauvre. ——Le voyageur répliqua, en ſe levant : le méchant même a donc auſſi ſon heure pour être bon.

L E Ç O N   X X V I I.

L E   R A S O I R.

E N ce tems-là : un barbier raſoit un roi, & le faiſoit ſouffrir. Le prince ſe plaignit. Le barbier lui dit : Seigneur, je me ſers pourtant de la même lame dont vous daigniez me vanter vous-même hier la bonté. --- N'importe , reprit le roi ; puiſqu'elle me fait mal aujourd'hui, il faut en changer. --- Il fut obéi, & ne ſouffrit plus.

Sa toilette n'étoit pas encore achevée, qu'un courier hors d'haleine fut admis en ſa préſence. Prince, une de vos provinces du nord, révoltée du nouvel impôt, a briſé vos images, & s'eſt élu un autre souverain que vous. Le roi, à ce récit, se mit d'une colere difficile à peindre. Qu'on les passe tous au fil de l'épée! Les rébelles! Les ingrats! Ils ne se souviennent donc plus du bien que je leur ai fait à mon avénement au trône.

Prince, reprit à demi-voix quelqu'un qui se trouvoit-là par hasard, & qui ne tenoit pas beaucoup à la vie, c'est l'histoire de votre rasoir, que vous rejettez aujourd'hui, parce qu'il ne vous paroît pas aussi bon qu'hier. Les hommes sans doute ont le droit de changer de roi, comme vous de rasoir.

LEÇON XXVIII.

VISION.

L'ISLE DÉSERTE.

EN ce tems-là : revenu de la cour, bien fatigué, un visionnaire se livra au sommeil, & rêva que tous les peuples de la terre, le jour des saturnales, se donnerent le mot pour se saisir de la personne de leurs rois, chacun de son côté. Ils convinrent en même-tems d'un rendez-vous général, pour rassembler cette poignée d'individus couronnés, & de les réléguer dans une petite isle inhabitée, mais habitable; le sol fertile n'attendoit que des bras & une légere culture. On établit un cordon de petites chaloupes armées pour infpecter l'ifle, & empêcher fes nouveaux colons d'en fortir. L'embarras des nouveaux débarqués ne fut pas mince. Ils commencerent par fe dépouiller de tous leurs ornemens royaux qui les embarraffoient; & il fallut que chacun, pour vivre, mit la main à la pâte. Plus de valets, plus de courtifans, plus de foldats. Il leur fallut tout faire par eux-mêmes. Cette cinquantaine de perfonnages ne vécut pas long-tems en paix; & le genre humain, fpectateur tranquille, eut la fatisfaction de fe voir délivré de fes tyrans par leurs propres mains.

LEÇON XXIX.

LES CHAINES DE FER ET LES SOCS DE CHARRUE.

EN ce tems-là : un tyran foupçonneux avoit fait forger tant de chaînes, qu'il reftoit à peine affez de fer pour les focs des charrues. Afin de le lui apprendre, on ne fervit un jour fur fa table que du gland apprêté de toutes les manieres. Le prince furieux en demanda la raifon. On lui répondit qu'on ne pouvoit labourer la terre avec des chaînes de fer. ——— Eh bien ! qu'on les faffe d'or : pourvu que j'aie des efclaves, n'importe à quel prix. ——— Il vous en coûteroit moins pour avoir des amis, lui répliqua-t-on.

LEÇON XXX.
CONTE DE FÉE.

EN ce tems-là : il étoit une fois un roi qui affembla un jour fon peuple, pour lui dire :

Mes amis, mes prédéceffeurs n'ont pas tous été de bons rois ; mes fucceffeurs probablement ne feróient pas tous de bons rois. D'après ma propre expérience, je m'apperçois que le roi le mieux intentionné n'eft pas néceffaire aux hommes, fes femblables, fes égaux ; lefquels peuvent très-bien fe conduire eux-mêmes, puifqu'ils ne font plus des enfans. Ainfi donc, fans vous gêner pour me faire un état convenable à mon rang, fans vous expofer davantage à des fouverains pires que moi, rentrons chacun chez nous. Que chaque pere de famille foit le roi de fes enfans feulement. Je veux vous montrer l'exemple. Reprenez ce que j'ai de trop, à préfent que je ne fuis que chef de maifon ; & diftribuez le fuperflu aux peres de famille qui n'ont pas affez.....

LEÇON

LEÇON XXXI.

PRÉDICTION VÉRITABLE ET REMARQUABLE.

En ce tems-là : dans la capitale d'un grand empire, le luxe, l'égoïfme, la dureté, l'impudence de la claffe la moins nombreufe des habitans, c'eft-à-dire, des maîtres, étoient portés à un point, que la claffe la plus nombreufe, c'eft-à-dire, celle des valets, ou de tous ceux qui fervent chez les riches & les grands, après une patience dont la durée indignoit même le fage, cefferent tout-à-coup & de concert leurs travaux & leurs fervices. Les maîtres, qui ne foupçonnoient le peuple, pas même capable de la plus humble réclamation, dirent à leurs valets d'un ton encore plus haut qu'à l'ordinaire : canaille ! à votre devoir ! obéiffez donc ! fervez-nous ! — Votre regne eft paffé... répondit le plus éloquent d'entre le peuple. *Mes amis !* continua l'orateur. Un moment !... Ceux que vous appelliez vos valets forment les trois quarts des habitans de cette ville ; & ceux que nous appellions nos maîtres, n'en compofent que le quart. Mes amis ! nous favons au moins compter

jufqu'à quatre; & la fcience du calcul mene droit à la liberté. Prenez garde à trois contre un. La partie, comme on dit, n'eft pas égale. Craignez que les plus forts n'ufent envers vous de repré-failles, & ne vous infligent la peine du talion...
Raffurez-vous cependant. Nous voulons bien, par une équité pleine de modération, expier l'aviliffe-ment volontaire où nous avons eu la lâcheté de végéter jufqu'à ce jour. Nous ne rendrons pas le mal pour le mal; mais nous vous rappellerons que jadis nous étions tous égaux; que même encore au tems d'Homere, Achille faifoit fa cuifine, & les princeffes, filles des rois, couloient la leffive. On appelloit ce tems-là l'*âge d'or* ou *fiecles héroï-ques*. Nous avons encore lu que c'étoit pour en conftater l'exiftence, & pour confoler le peuple des droits qu'il avoit perdus, quand le fiecle d'or fit place à l'âge d'airain, que les Romains inftituerent les Saturnales. Pendant trois jours, nous ne nous ferons pas fervir à notre tour par ceux que nous fervions toute l'année; mais notre intention eft de rétablir pour toujours les chofes fur leur ancien pied, fur l'état primitif; c'eft-à-dire, fur la plus parfaite & la plus légitime égalité. Ainfi donc, nos chers amis, nos freres, nos égaux, nos femblables, oublions le paffé. Pardonnez-nous notre baffeffe; nous vous pardonnons vos abus d'autorité! Mettons la terre en commun, entre tous fes habitans. Que s'il fe trouve parmi vous quelqu'un qui ait deux

bouches & quatre bras, il eft trop jufte, affignons-lui une double portion. Mais fi nous fommes tous faits fur le même patron, partageons le gâteau également. Mais en même-tems, mettons tous la main à la pâte. Que chacun rentre dans fa famille; qu'il y ferve fes parens; qu'il y commande à fes enfans; & que tous les hommes d'un bout du monde à l'autre fe donnent la main, ne forment plus qu'une chaîne compofée d'anneaux tous femblables, & crions d'une voix unanime : vivent l'égalité & la liberté. Vivent la paix & l'innocence. ---

--- Si je n'ai pas été devin, j'ai au moins été prophete. Hélas! depuis long-tems je ne ferai plus rien, quand mes femblables redeviendront quelque chofe.

Tout ceci n'eft qu'un *conte*, à l'époque où je le trace. Mais je le dis en vérité; il deviendra un jour une *hiftoire*. Heureux ceux qui pourront ré-confronter l'une à l'autre.

LEÇON XXXII.

LE JEU DU VOLANT.

EN ce tems-là; deux fouverains en guerre, étant convenus d'une treve, fortirent chacun de leurs camps, & fe donnerent réciproquement une fête, en préfence des deux armées. Après avoir perdu leur tems à divers amufemens plus puérils les uns que les autres, ils s'aviferent de jouer au volant; auquel jeu ils fe montrerent très-experts. Le peuple d'applaudir le nombre des coups & l'adreffe des deux joueurs couronnés à fe renvoyer l'inftrument emplumé. Imbécilles ! (dit une voix aux fpectateurs), riez donc de votre image. C'eft ainfi qu'on vous balotte, jufqu'à ce qu'on ne puiffe plus fe fervir de vous, & qu'on vous ait mis en pieces. Car vous êtes le volant des rois. Leurs miniftres en font les raquetres plus ou moins élaftiques, & qui doivent fuivre l'impulfion de la main qui les guide. Quand la raquette a les mouvemens trop durs , on la change , on la troque ; mais le peuple ne s'en trouve pas mieux, & n'en eft pas moins le paffe-tems de fes chefs.

LEÇON XXXIII.

LE TYRAN TRIOMPHATEUR.

EN ce tems-là ; une nation nombreufe, policée, inftruite, mais pacifique , avoit pour roi un tyran. Celui-ci , enhardi par fes premiers fuccès , & re-

gardant chacun de ſes ſujets comme autant de
bêtes de ſomme, ſe dit un jour à lui-même : Ils
ont porté tel, tel, & encore tel impôt, ils en
pourront porter bien d'autres. Le deſpote, en con-
ſéquence, fait annoncer une contribution nouvelle,
plus exorbitante que les précédentes. La nation
cette fois ne put s'empêcher de murmurer, & même
fit réſiſtance. Le tyran, qui ne s'attendoit pas à un
événement qui lui paroiſſoit le comble de la har-
dieſſe & de l'inſubordination, & qui d'ailleurs
n'étoit pas d'humeur à ployer, entra dans une fureur mal-aiſée à peindre. Politique adroit, il avoit
raſſemblé aux environs de ſes palais, & dans les
carrefours des principales villes de ſon royaume,
un grand nombre de ſoldats pour s'aſſurer indirec-
tement, & ſous le prétexte d'une diſcipline militaire plus exacte, de l'obéiſſance de ſes ſujets, en
cas de beſoin. Ses troupes lui étoient dévouées,
parce qu'il avoit le plus grand ſoin d'elles ; il les
combloit de privileges, les habilloit ſuperbement,
les nourriſſoit bien ; & le peuple payoit tout cela :
ſemblable aux enfans qu'on oblige à faire les frais
de leur propre châtiment.

Le deſpote, dans ſa rage aveugle, donne le
ſignal à ſes corps de troupes de ſe raſſembler & de
fondre ſur la nation déſarmée. (Les ſoldats n'ont
plus de parens, du moment qu'ils ſont au roi). Le
peuple conſterné ne vit d'autre parti à prendre que
la fuite. Il ſe réfugia dans le ſein des montagnes

dont le pays abondoit, s'y difperfa, s'y cantonna
par familles, & laiffa toutes les villes, tous les
bourgs, fans aucun habitant. Les foldats, tentés
par l'occafion, (ils ne pouvoient l'avoir plus belle),
méprifèrent les fuyards, pour piller à l'aife les tréfors qu'ils abandonnoient à leur merci; en forte que
les palais du tyran merveilleufement bien fervi, ne
furent point affez vaftes pour contenir la dépouille
de fes fujets. Son cœur treffaillit de joie à cette
vue; &, par reconnoiffance, il fit part du butin
à ceux qui le lui avoient fi fidélement apporté. La
premiere ivreffe paffée, il voulut jouir des honneurs
du triomphe dans les plus belles villes de fes États.
Mais il n'y trouva perfonne pour en être le témoin;
tout le monde avoit difparu. Allez, dit-il à fes
foldats, allez leur dire que je leur pardonne; ils
peuvent revenir habiter leurs maifons; je fuis fatis-
fait d'eux. Ils m'ont abandonné leurs biens; qu'ils
viennent en acquérir de nouveaux par de nouveaux
travaux. Je les protégerai à l'ombre de mon fceptre
paternel. Les foldats fans armes coururent fur les
traces de leurs compatriotes, & les exhorterent à
quitter leurs montagnes, & à reprendre le chemin
de la ville & de leurs foyers. ---- Nous ne fortirons
d'ici qu'en morceaux, répondirent-ils; divifés
par familles, fans autre maître que la nature, fans
autres rois que nos patriarches, nous renonçons
pour jamais au féjour des villes que nous avons bâ-
ties à grands frais, & dont chaque pierre eft mouillée

de nos larmes & teinte de notre fang. Les foldats émus, & qui d'ailleurs n'avoient plus de curée à efpérer, furent convertis à la paix, à la liberté ; réfolurent de demeurer avec leurs freres, & renvoyerent leurs uniformes au tyran qui les attendoit. Celui-ci, abandonné de tous, affamé au milieu de fes tréfors, dans fa rage impuiffante fe déchira de fes propres dents, & mourut dans les tourmens du befoin.

LEÇON XXXIV.

L'ÉPITAPHE.

En ce tems-là ; un fage lut un jour ces mots fur une pierre tombale :

Cy-gît, enfin, un tyran !

Et plus bas :

Le peuple ,
Las de fouffrir ,
Verfa le fang de ce mauvais roi
Pour en écrire fon épitaphe.

Si de pareils honneurs funebres attendoient tous les tyrans, la race en feroit bientôt épuifée, dit le fage, en continuant fa route.

C iv

LEÇON XXXV.

LES HOCHETS.

UN roi de Siam , détrôné par un roi du Pégu , son voisin , travailloit des mains pour vivre , en simple particulier , dans la ville d'Ava. Il exécutoit toutes fortes de petits meubles & des ustensiles de ménage. Un Européen , qui savoit son histoire , ne se lassoit pas de le regarder taillant des hochets pour les petits enfans. Le roi de Siam détrôné le fit sortir de son extase stupide , en lui disant : Quand tu m'obferveras plus long-tems , je n'ai pas changé de métier , en changeant de place. Le sceptre n'est-il pas aussi un hochet pour amuser le peuple.

LEÇON XXXVI.

LE LIT DE JUSTICE DU SINGE.

EN ce tems-là ; un singe de la grande espece , qui servoit d'amusement à un monarque , se glissa , avant e le ver de son maître , dans le garde-meuble de la couronne, s'y revêtit du manteau de pourpre, s'empara de la main de juftice & du fceptre; &, ainfi accoûtré, fe promena gravement dans le palais, pénétra jufqu'à la falle du confeil, & prit fa place fur le trône où il avoit vu une fois fiéger le prince. Du plus loin qu'on apperçut Sa Majefté, on fonne l'alarme. Grande rumeur! Nouvelle importante! Le roi tenir le lit de juftice fi matin, fans aucuns préparatifs, fans ordres préliminaires! Il fait à peine jour. On ne fait que penfer. Le roi eft au confeil, fe dit-on l'un à l'autre. On mande auffitôt les miniftres, les officiers, les magiftrats. On s'affemble enfin en tumulte; le chancelier prend fa place aux pieds du monarque, & déjà fléchit le genou en terre devant lui, pour recevoir fes volontés. En réponfe, le finge couronné, d'un coup de patte enleve la chevelure poftiche du chef de la magiftrature, & s'en couvre la nuque. Cependant le roi véritable, qui ne dormoit jamais d'un profond fommeil, fe leve en furfaut; &, à peine vêtu, court vers l'endroit où il entendoit du bruit. Quel fpectacle pour lui & pour toute fa cour; le finge, à la vue de fon maître, de s'enfuir, la queue entre les jambes. Mais le fouverain, dans un état difficile à peindre, de le faire pourfuivre, avec ordre de le fouetter jufqu'au fang. Pourquoi le châtier? dit quelqu'un qui difparut auffitôt, il rempliffoit dignement votre place, Sire. Et un pareil vice-gérent vous épargneroit bien des corvées, & peut-être bien des fottifes.

Le manteau royal eft un vêtement qui rarement va bien à la taille de ceux qui le portent , parce qu'on n'a pas eu le foin de prendre leur mefure , auparavant de le mettre fur leurs épaules. Comme on coupe en plein drap , on lui donne fouvent tant d'ampleur , & il eft fi lourd , que ceux qui s'en habillent peuvent à peine marcher , s'y empêtrent les pieds , fuccombent fous le poids , & font les chûtes les plus graves ou les plus ridicules. Parfois auffi on lui fait contracter de mauvais plis difficiles à redreffer. Ceux qui fe couvrent de ce manteau en voient rarement la fin. Il paffe fur bien des épaules , avant d'être ufé ! Avec ce manteau , on peut bien fe paffer de toutes les autres pieces d'une garde-robe. Car il difpenfe de la pudeur. Il eft parfumé d'une effence qui porte au cerveau de tous ceux qui s'en approchent , & leur caufe le délire.

LEÇON XXXVII.

LE TISON ROI.

En ce tems-là ; un peuple , depuis nombre d'années , fe voyoit gouverné par de mauvais rois efpece d'incendiaires, dont l'efprit turbulent portoit la flamme & le feu dans l'intérieur de l'empire & chez fes voifins. Le dernier de ces princes étant venu à mourir, le peuple s'affembla pour procéder à l'élection d'un fucceffeur. Un des notables élevant la voix, opina ainfi : Puifque jufqu'à préfent nous avons fi mal choifi, que ce tifon ardent foit couronné, & regne fur nous. Mais donnons-lui pour trône un feau plein d'eau.

LEÇON XXXVIII.

L'ÉCHANGE DES PRISONNIERS DE GUERRE.

EN ce tems-là ; deux rois puiffans étoient en guerre ; car ils étoient voifins. L'un d'eux fouffroit à fa cour le fou en titre d'office, dont fon prédéceffeur avoit créé la charge. Ce fou fut mis au nombre des prifonniers ; mais que fon maître en fut amplement dédommagé, en voyant arriver le roi, fon rival, chargé de chaînes ! Le vainqueur fit à fa guife les claufes du traité qui eut lieu ; & il montra beaucoup de modération. Car il offrit de rendre le roi, pourvu feulement qu'on lui rendît fon fou. Ces conditions de la paix firent hauffer les épaules aux politiques qui ne fe croyoient pas vus du roi. Mais celui-ci qui voyoit tout, fe contenta de leur dire :

Ma conduite qui vous paroît étrange, n'eſt que juſte. Pour ravoir mon fou, pouvois-je raiſonnablement donner autre choſe en échange, qu'un inſenſé ?

Le prince priſonnier, mis en liberté, eût mieux aimé donner la moitié de ſon royaume pour ſa rançon, (car rien ne coûte aux rois) plutôt que de ſubir une telle humiliation. Il mourut de dépit. Ses ſujets ſe réunirent aux ſujets de ſon rival heureux, qui dit alors à ſes courtiſans : Eh bien ! hauſſerezvous encore les épaules ? Ma politique voit plus loin que la vôtre ; avouez-le.

LEÇON XXXIX.

LES FLECHES ET LES MOUTONS.

En ce tems-là ; un prince avoit pour voiſin de ſes États un peuple diſperſé ſur une grande étendue de pays. Il leur propoſa de ſe raſſembler dans des villes, en leur offrant, pour leçon, l'exemple d'un faiſceau de fleches qu'on ne peut rompre, tant qu'elles ſont réunies. Votre force, leur fit-il dire par ſes envoyés, naîtra de votre union.

Un Ancien parmi ce peuple demi-ſauvage, fut chargé de répondre ; & voilà comme il s'y prit:

Nous convenons que rien ne peut brifer des javelots en paquet ; & qu'un enfant en viendroit à bout, en les prenant féparément ; mais, convenez, à votre tour, qu'il n'eft pas auffi facile de faire ce qu'on veut d'un peuple difperfé, que d'une nation qu'on a fous la main. Nous faifons ce que nous voulons du troupeau que nous renfermons dans l'enceinte d'une bergerie ; mais nous n'en pourrions pas dire autant des moutons errans dans la plaine ou fur la montagne.

LEÇON XL.

LES ASTÔMES.

EN ce tems-là ; une nation avoit pour roi un tyran, & pour voifins tributaires & vaffaux, une peuplade d'hommes fans bouche, & ne fe nourriffant que d'air. On leur envoya le tyran, pour régner fur eux. Ils l'accepterent, mais en même-tems ils lui firent endre par fignes qu'un peuple qui n'avoit jamais faim, n'étoit pas aifé à être tyrannifé ; & qu'un fouverain qui avoit plus befoin de fes fujets, que fes fujets de lui, ne pouvoit fans rifque vouloir tyrannifer. Quand tu feras tenté d'abufer de ton pouvoir, lui dirent-ils dans leur langage, tu n'entendras pas de mur-

mures qui ne feroient pour toi qu'un vain bruit
à l'importunité duquel ton oreille s'accoutumeroit
bientôt. Mais nous te ferons jeûner; & nous verrons
fi tu t'habitueras auffi facilement à la faim qu'au
pouvoir arbitraire.

Il feroit à fouhaiter que cette race d'hommes (1)
fans bouche exiftât encore : on y enverroit en retraite les mauvais rois ; & les jeunes princes pour-
roient y faire leur noviciat.

LEÇON XLI.

LA MARMOTTE-ROI.

En ce tems-là ; un roi dormoit toujours fur fon
trône , & rendoit la juftice à fes fujets en dormant;
fes rêves alors devenoient des arrêts. Quelqu'un , qui
n'étoit pas courtifan, ofa lui dire un jour , en le
voyant paffer : Prince , pour dormir un lit eft plus
commode qu'un trône. Vous vous donnerez
une courbature. Croyez-nous ; allez vous coucher.
Nous vous ferons remplacer par une marmotte.

---

(1) Pline & Plutarque parlent d'un peuple fans bouche,
qu'ils nomment *Aftómes*.

LEÇON XLII.

LE SAGE FOU.

EN ce tems-là ; un fage avoit tenté plufieurs fois, mais toujours en vain, d'introduire la vérité à la cour Le fou du roi vint à tomber malade, fans efpoir. Le fage s'avifa de le contrefaire ; & le contrefit fi bien, qu'il lui fuccéda dans fa charge. Mais la vérité ne gagna pas beaucoup à ce déguifement. Dans la bouche de la fageffe, elle offenfoit le monarque ; dans celle de la folie, elle ne fit que l'amufer, & ne l'amenda point. Alors le fage quitta le fervice, & fortit du palais, en difant : Je vois bien que les rois font incorrigibles.

LEÇON XLIII.

L'AGE D'OR.

EN ce tems-là ; un roi, qu'on appelloit autrement dans le fond de fes provinces, demanda un jour à table :

Mais, qu'eft-ce que cet âge d'or, ce fiecle d'or, dont j'ai quelque fois entendu parler.

Un de fes écuyers-tranchans lui répondit :

Prince, c'eft un conte de fées inventé fans doute à plaifir par quelque poëte mécontent de ja cour.

Mais encore. . . .

Puifque Sa Majefté infifte. . . . On dit qu'il fut un tems où il n'y avoit fur la terre ni maîtres, ni valets, ni fouverains, ni fujets ; chacun fe fervoit foi-même.

Quoi! il n'y avoit pas de rois !. . . Comment les hommes pouvoient-ils s'en paffer ?

Le conte de fées dit qu'ils n'en étoient que plus heureux, & n'en vivoient que plus long-tems.

Cela n'eft pas poffible. Comment faifoient-ils donc ?

Chaque famille vivoit raffemblée fous le bâton paftoral d'un patriarche.

Tout cela eft bien un conte de fées. . . . Cependant, ajouta le roi, qu'on défende aux poëtes modernes de le verfifier de nouveau, & aux nourrices d'en bercer leurs enfans.

LEÇON

LEÇON XLIII.

LE DICTIONNAIRE.

EN ce tems-là ; un defpote oriental, un foir, attaqué d'infomnie , fe faifoit lire par un de fes efclaves favoris quelques articles d'un gros dictionnaire. Le lecteur appelloit les noms ; & le prince afiatique , felon leur bizarrerie ou fon caprice, s'en faifoit lire un morceau , ou les paffoit. Au mot *infurrection* , il dit à fon efclave : Que fignifie ce mot ? L'efclave , qui avoit foin de parcourir des yeux chaque article , avant de le réciter, dit à fon maître : Seigneur , je n'oferai jamais. . . . --- Qui t'arrête ? — Seigneur. . . . . . Au refte, cet article concerne un peuple ancien, célebre par fes fables. --- Encore. ----- Seigneur , vous pardonnerez à votre efclave. . . . *Infurrection* , droit de fouleve-ment accordé au peuple de Crete contre fes fou-verains , quand ils fe conduifoient mal dans leur place. Dans quelle claffe , reprit Sa Majefté écou-tante, a-t-on rangé cet article ? --- Dans l'hiftoire ancienne. --- On s'eft trompé ; c'eft à la mytho-logie ancienne qu'il falloit le placer. . . . . Paffons à un autre article.

D

LEÇON XLIV.

LES VOITURES DE LA COUR.

EN ce tems-là ; le fage Rhamakc fe promenoit vis-à-vis de la maifon publique qui fervoit de dépôt aux voitures de la cour. On crut qu'il vouloit groffir le nombre des courtifans , & on lui offrit une place pour partir. Il refufa. —— Que faites-vous donc ici ? ——- Je m'amufe , répondit-il , à comparer le vifage de ceux qui vont à la cour , avec le vifage de ceux qui en reviennent. L'empreffement des uns , les foucis rongeurs des autres , me frappent & me font faire des réflexions , qui m'ôtent toute envie d'aller voir ce pays d'où on ne revient pas comme on y va.

LEÇON XLV.

LA BALANCE.

EN ce tems-là ; j'entrai dans l'attelier d'un méchanicien : fais - moi vîte , lui dis-je , un char qui

me tranfporte en deux minutes à la cour. Je ne fau-
rois, me dit l'artifte, imaginer un char qui puiffe
te tranfporter en deux minutes à la cour. Mais je
poffede une machine fort peu compliquée, qui
t'apprendra à être heureux, fans fortir de chez toi.
--- Où eft-il cet inftrument qui doit me rendre
heureux, fans fortir de chez moi ? --- Le voici.

C'étoit une balance faite avec beaucoup de juf-
teffe. J'y pefai les biens & les maux de la vie. Elle
refta dans un équilibre affez parfait. Elle m'apprit
que tout eft compenfé dans la vie. Une fage infou-
ciance fut le réfultat de mon expérience ; & je ne
me fouciai plus de fortir de chez moi pour aller en
deux minutes à la cour.

LEÇON XLVI.

LE BANDEAU A LA COUR.

EN ce tems-là ; traverfons, me dit mon
compagnon de voyage, traverfons ce palais, la
demeure du fouverain. Nous abrégerons de beaucoup notre route.

Je le veux bien. Mais avant d'y entrer, attache-
moi ce bandeau fur les yeux.

Pourquoi te bander la vue ?

Afin qu'en fortant de cette demeure royale, on ne me puniffe pas d'avoir vu des chofes qui ont befoin du myftere & du fecret. Tel courtifan n'auroit jamais été difgracié, s'il eût fait l'aveugle à propos. Témoin, Ovide.

LEÇON XLVII.

L' HYPERBOLE.

EN ce tems-là; un vieux courtifan difoit, non loin du monarque & affez haut pour en être entendu : oui !

Oui ! quand toutes les eaux du ciel & de l'océan fe teindroient en noir, il n'y auroit pas encore affez d'encre pour décrire les vertus de fa majefté.

Un jeune courtifan, voifin du flatteur, lui dit tout bas : Ne rougis-tu point, à ton âge, de te permettre des hyperboles de cette force ? Et ne vois-tu pas qu'elles manquent leur effet.

Je connois, répondit tout bas le vieillard flatteur, la mefure de l'amour-propre & la portée de l'efprit du prince. Vas ! les princes ont fu gré de difcours encore plus extravagans.

LEÇON XLVIII.

LA CHAISE - PERCÉE.

Un roi avoit coutume de donner ses audiences dans sa garde-robe. On devroit prendre au mot de tels rois; & ne faire pas plus de cas des oracles qu'ils rendent sur le trône, que du bruit qu'ils laissent échapper sur leur chaise-percée.

LEÇON XLIX.

LE VOILE.

En ce tems-là; couverte de son voile, une femme se présenta à la cour. Le roi, qui étoit très-jeune, à travers la gaze, crut appercevoir beaucoup de charmes, & fit le plus gracieux accueil à celle qui portoit le voile de gaze.

La même femme, quelque tems après, s'offrit une seconde fois aux yeux du prince; cette fois sans voile. S'appercevant que le jeune monarque la regardoit à peine, elle lui dit:

D iij

Prince! ce qui m'arrive eſt auſſi votre hiſtoire.
Un roi qui n'a pas beaucoup d'expérience, eſt
comme une femme qui n'a pas beaucoup de
beauté ; & le premier miniſtre d'un tel roi eſt
comme le voile de cette femme. Un voile de
gaze cache plus ou moins les défauts du viſage
qu'il couvre, ou en fait ſortir plus ou moins
les charmes. C'eſt à celle qui le porte, c'eſt à
la main qui le place, à le faire avec avantage.
Un miniſtre fait valoir ſon prince, ou le cache
tout-à-fait.

LEÇON L.

LES DEUX CÔTÉS DE LA MÉDAILLE.

UN jeune étranger viſitoit ma patrie, & s'ex-
taſioit à chaque pas qu'il y faiſoit. Le beau pays!
Heureux ceux qui y ſont nés, & qui pourront y
mourir! Heureux ſur-tout les habitans des grandes
villes. Tous les jours, ce ſont des fêtes, des
divertiſſemens nouveaux. On n'a que l'embarras
du choix. Des ſpectacles brillans y ſont paſſer
des heures entieres comme des minutes. Veut-on
des occupations plus graves, plus eſſentielles?
Des académies de tous les genres vous ouvrent

leurs portes. Ici, on polit la langue; là, on
exerce la raifon. Plus loin, on vole la nature
dans fes fecrets les plus cachés. Les riches & les
grands n'ont pas de palais affez vaftes pour
contenir tous les chef-d'œuvres des artiftes. Heureufe nation! Que tu as bien raifon d'être idolâtre
de tes maîtres! Tu leur dois toutes tes jouif-
fances; & ils te laiffent à peine appercevoir la
différence des tems de guerre ou de paix.

J'entendis cet éloge avec un fang-froid qui
piqua la curiofité du jeune étranger; il m'accufa
d'ingratitude, & de ne point fentir tout mon
bonheur. Je lui répondis : Jeune étranger, je
pourrois te faire un portrait de ma patrie, tout
différent & tout auffi fidele. Tu n'as vu que le
côté d'or de la médaille, le refte eft de fer.
Nous achetons cher les belles chofes qui t'ex-
tafient. Nous avons des fpectacles en tout tems;
mais nous n'avons pas toujours du pain : nous
avons des académies favantes; mais nous n'avons
pas encore des tribunaux intégres : on nous fait
chanter de jolis airs; mais nous n'avons pas encore
de bonnes loix : le prince donne des fêtes, &
c'eft tout le peuple qui les paye. Nous fommes des
efclaves couronnés de fleurs; mais il y a long-
tems qu'on nous a enlevé le bonnet de la
liberté.

LEÇON LI.

LE COURTISAN MARCHE - PIED.

EN ces tems-là ; un roi impatient n'avoit pour le moment ni écuyer, ni valets, ni esclaves qui pussent l'aider à monter sur son char. Un courtisan qui s'en apperçut, se précipita aussitôt au-devant de lui, & de son corps courbé jusqu'à terre lui fit un marche-pied (1) commode, dont le prince usa sans façon.

On reprocha à l'homme de cour une complaisance qui tenoit de la bassesse. Il répondit : Un roi impatient qui, pour monter plus vîte dans son char, met le pied sur le dos de son courtisan, donne à ce courtisan le droit de marcher sur le ventre de ses sujets.

( ) Au rapport d'Hérodote, il y avoit en Syrie un certain ordre de femmes nommées *Clima-Cides*, dont la profession journaliere étoit de marcher sur leurs pieds, sur leurs mains à-la-fois, & dans cette posture, de servir d'escabeau aux dames pour les aider à monter dans leur char, liv. v.

LEÇON LII.

LA GALETTE.

AVANT qu'il y eût des rois, fur le déclin du gouvernement patriarchal, dans une contrée dont je ne dirai pas le nom, il étoit d'ufage, à un certain jour de l'année, que chaque famille réunie dans la maifon paternelle, fe mettoit à table & divifoit une galette, en autant de morceaux qu'il y avoit de parens au banquet. Un étranger fans famille vint à paffer dans ce canton, & inftruit de cette fête coutumiere, parvint par fes beaux difcours à réunir toutes les familles en une feule affemblée : Mes amis, leur dit-il, dans trois jours vous rompez la galette d'ufage, chacun dans le fein de vos foyers. Faites mieux cette année ; puifque vous êtes tous des hommes, tous égaux ; amaffez en monceaux toute la farine qui fervoit à compofer vos galettes, & n'en pétriffez qu'une de toutes, que vous mangerez tous en commun, comme il convient à des freres. Si vous le voulez même, comme c'eft moi qui vous ai ouvert cet avis, vous me chargerez de cette befogne & du foin de la diftribution par égales parties. Les bonnes gens qui formoient l'affemblée, ne fe méfiant de rien, répondirent: A la bonne heure. Tenez-là prête pour dans trois jours, & vous nous la partagerez également. Le troifieme jour arrivé, on s'affemble. Notre avanturier placé au haut bout de la table, commence par couper la grande galette en autant de morceaux qu'il y a de chefs de famille. Puis, il leur dit : Mes enfans, vous êtes convenu de me laiffer faire les fonctions de pere de famille ; par conféquent de prendre à moi feul toute la peine que chaque pere de famille auroit prife dans la maifon. Or, comme il eft jufte que toute peine ait fon falaire, & que le falaire foit proportionné à fa peine, vous trouverez bon que je commence par me fervir, & par m'adjuger la part de chaque chef de famille ; le refte fera pour vous, & le harangueur tout de fuite de porter à fa bouche un morceau qu'il dévora: il n'avoit pas mangé depuis trois jours. Il fe préparoit à entamer une feconde part, lorfque fon voifin lui dit, en retenant fon bras : Un moment, mon ami ; comme vous n'avez qu'une bouche, vous ne pouvez confommer la nourriture de cent autres bouches. Tenez-vous-en à votre premier morceau, puifqu'il eft mangé, & fouffrez que nous mangions les autres ou retournez d'où vous venez.

L'avanturier fut obligé de retourner d'où il

venoit. Et depuis ce tems les bonnes gens, qu'il vouloit féduire, ne fouffrirent plus d'étranger parmi eux & firent leur part eux-mêmes.

LEÇON LIII.

LE CONTRAT SOCIAL.

EN ce tems-là ; plufieurs familles habitoient un morceau de terre ifolé. Chacune renfermée dans fon domaine, fe gouvernoit elle-même fous l'œil du plus ancien des peres. Un étranger échoua un jour fur les côtes de cette ifle. Après l'avoir parcourue, il parvint, à force d'inftance, à raffembler les chefs de famille, & leur tint ce difcours :

Mes amis, vous & vos enfans, vous paroiffez vivre heureux. Mais il y a un terme à tout. A la premiere diffenfion qu'un rien peut faire naître, vos familles armées les unes contre les autres, peuvent chercher à s'entre-détruire; fur-tout n'ayant aucun tribunal où chacune d'elles puiffe porter fa caufe. Ce premier différend fera fuivi de plufieurs autres. Pour prévenir les maux que je prévois, il me femble, fauf meilleur avis, que vous devriez élire une efpece de fouverain qui vous dictera des loix , à l'ombre defquelles vous pourrez dormir en paix. Mais pour que ce fouverain ne foit pas juge dans fa propre caufe, il faudroit en trouver un qui vous foit étranger par le fang, & par les intérêts.

Un vieillard interrompit le harangueur, en ces termes :

N'en dites pas davantage , nous devinons le refte. Écoutez-nous à notre tour. Nous avons vécu jufqu'à préfent heureux. Ce que nous avons fait , nous pouvons le faire encore. Nous fommes affez hommes pour nous gouverner nous-mêmes. Cependant, nous voulons bien en effayer ; & comme vous êtes ici le feul étranger, c'eft vous probablement que vous avez en vue pour être notre fouverain. Nous y confentons ; mais à une condition, c'eft que devant être refponfable des loix que vous nous propofez, vous devez l'être auffi de tous les maux qui nous arriveront, & auxquels vos loix n'auront point remédié. En conféquence, vous payerez de votre tête le premier meurtre arrivé fous votre regne.... Y confentez-vous ?....

Le harangueur court encore , & l'ifle continue à être heureufe.

LEÇON LIV.

LES HOMMES POISSONS.

UN foir , en rentrant dans la ville , je m'arrêtai aux barrieres & m'y endormis. C'eft alors que j'eus la vifion dont je vais rapporter les principales circonftances. Je me crus affis fur le bord d'un grand vivier. Il étoit revêtu de marbre. Des poiffons de tout âge & de toute grandeur alloient çà & là en grand nombre, au milieu d'une eau bourbeufe. Une douzaine de pêcheurs, qui paroiffoient les propriétaires en commun de ce vivier, fe difputoient leur proie qui ne pouvoit cependant leur échapper. Ils étoient fi acharnés au butin, qu'ils aimoient mieux maffacrer les poiffons, que de fe les céder l'un à l'autre. Les pauvres captifs affez indifférens fur leur propre fort, mais pouffés par la néceffité, alloient fe préfenter en foule n'importe auquel hameçon. En regardant au fond, autant que je le pus diftinguer à travers l'onde fangeufe, il me fembla en voir quelques-uns qui aimoient mieux périr de befoin, que de fervir à raffafier les pêcheurs avides qui les attendoient vainement. Je voulus intercéder pour les poiffons auprès des pêcheurs. Du moins, leur dis-je, que votre intérêt vous touche! Si vous êtes jaloux de vous procurer une pêche abondante & faine, ayez foin d'aggrandir & de nettoyer le vivier. Pour mon falaire, on me propofa de m'envoyer au milieu des poiffons pour les confoler. Je me réveillai à la morale : mais bientôt je me rendormis : & voici le refte de ma vifion.

Non loin du vivier étoit un grand lac, au travers duquel couloit un grand fleuve, lequel fe rendoit à la mer. Un géant paffa par-là. Mon récit le toucha fur le fort des poiffons. Il fut indigné de la cruauté & de l'incapacité des pêcheurs qui voulurent prendre la fuite à fon afpeét. Sa voix de tonnerre les retint. Il leur commanda de travailler fous fes ordres. Ils obéirent, dirigés & aidés par lui. Bientôt il s'établit à travers les terres une communication du vivier avec l'étang. Alors l'eau où les poiffons nageoient avec peine, fut renouvellée. Alors les poiffons eux-mêmes furent libres. Ils multiplierent comme les grains de fables du lac, & parvinrent dans peu au degré de perfeétion dont leur efpece étoit fufceptible.

Témoin de cette révolution, je me promis bien d'en faire le récit aux habitans de la Ville, aux portes de laquelle j'eus cette vifion.

Ma tâche eft remplie : *qui habet aures, audiat.*

LEÇON LV.

L'ÉCOLIER ET LA CLOCHE.

EN ce tems-là, l'on difoit : un roi reffemble à un écolier qui appartient à des parens fort riches, lefquels payent pour lui une forte penfion. La loi reffemble à la cloche qu'on fonne à différentes heures du jour, pour appeller les habitans du gymnafe, chacun à fon devoir. Le fon de la cloche eft de rigueur, il faut qu'il fe leve auffitôt qu'il l'entend, & qu'il fe rende, à la minute, à fes divers exercices. Mais l'écolier riche, réveillé quelquefois en furfaut par le bruit importun de la cloche, fe rendort prefqu'auffitôt, & ne fort du lit que long-tems après fes camarades d'étude. On ferme les yeux fur cette conduite; & on lui laiffe contraĉter impunément, par égard pour fon bien, les défauts de pareffe, de négligence, d'inexaĉtitude & beaucoup d'autres qu'on châtie févérement dans le refte des individus de la même maifon. Il arrive de là qu'avec le tems il devient le plus pietre de tous les fujets du gymnafe : & voilà l'éducation qu'on donne aux enfans des rois.

_____

LEÇON LVI.

COMPARAISON N'EST PAS RAISON.

SI jamais cette phrafe proverbiale a eu fon application , c'eft au parallele qu'on établit affez
ordinairement entre un roi & un pere. Tout au
plus feroit-il fupportable entre le fondateur d'un
peuple & le chef d'une famille. Mais un fouverain
par droit d'héritage ou d'élection , peut-il être
comparé à un pere ? Le foible le plus ordinaire des
peres eft de trop aimer leurs enfans , & de fe
laiffer aveugler par l'amour paternel. En bonne
confcience , beaucoup de rois ont-ils mérité ce
reproche envers leurs fujets ? La tendreffe aveugle
des peres envers leurs enfans eft fondée , dit-on,
fur ce que le bienfaiteur eft plus attaché à fon
obligé, que l'obligé au bienfaiteur; & encore, fur
ce qu'on aime fon ouvrage. Or quel eft l'obligé
du roi ou de fon peuple ? A qui le roi doit-il
la couronne ? Et puis, le peuple eft-il l'ouvrage
de fon roi ? Le peuple eft-il redevable de fon
exiftence à fon roi ? Le peuple n'exiftoit-il pas
avant fon roi ? D'ailleurs, un roi n'eft-il pas la
créature de fon peuple ? Un monarque tient tout

de fes fujets, & ils n'ont rien à hériter à fa mort. Qu'on ceffe donc d'abufer des mots, & d'une comparaifon fans raifon & même dénuée de toute vraifemblance. Ce parallele eft d'autant plus nui-fible qu'il fait prendre le change, & qu'il a fervi à affoiblir le regret qu'on devroit conferver du gouvernement paternel. C'eft avec cette compa-raifon qu'on a fait confentir les hommes à quitter les mœurs patriarchales. Les fouverains & les magiftrats ont pris d'abord le nom de pere, pour gagner la confiance de ceux au-deffus defquels l'ambition feule les plaçoit.

Cependant, fi les rois ne peuvent aimer leurs fujets comme leurs enfans, du moins ils fe croyent le droit de les traiter en enfans; ils les amufent tant qu'ils peuvent pour en faire ce qu'ils veulent; ils ne daignent leur rendre compte de rien; ils les corrigent & les fouettent fouvent jufqu'au fang, & de plus leur font payer les verges.

LEÇON LVII.

LE LEST DU NAVIRE.

ON a comparé le gouvernement à un vaiffeau. On a dit que le prince devoit en être regardé

E

comme le pilote ; & on a fait du fceptre un gouvernail, ou le timon de l'État.

On ne s'eft pas encore avifé, que je fache, de compléter cette comparaifon politique, en ajoutant que le peuple eft le left du navire. En effet, ainfi que le left, il occupe la partie la plus baffe de l'État. Comme le left, il eft compofé de matieres viles & peu choifies. Tout eft bon pour faire du left, pourvu qu'il foit lourd & cependant facile à être remué. Le peuple a toutes les qualités requifes ; il ne paroît pas. Il eft caché ; & cependant c'eft lui qui par fon propre poids donne au vaiffeau la vraie pofition qu'il doit avoir. Le pilote le plus expérimenté auroit beau manœuvrer avec tout l'art poffible, il ne peut faire un pas certain, fans une fuffifante quantité de left. Je pourrois pouffer plus loin encore le parallele ; mais qu'il me fuffife d'avoir montré que le peuple eft le left du navire politique. Quand donc les hommes cefferont-ils d'être peuple ; quand donc voudront-ils jouer un rôle plus noble ?

LEÇON LVIII.

LE COLOSSE A LA BASE D'OR.

DES philosophes ont comparé le despotisme à un colosse effrayant de loin, mais soutenu sur une base d'argille.

Les tyrans modernes ont été frappés de crainte à la vue de cette comparaison, qui leur a paru pleine de justesse. En conséquence, ils se sont dit : Profitons de l'avis, & donnons au colosse une base d'or, le métal le plus compact & le plus imperméable. Le despotisme ne sera pas si-tôt renversé.

Cette politique nouvelle a parfaitement réussi ; & les nations modernes, éblouies par l'éclat de la base du colosse, & frappées de sa solidité, se sont laissées enchaîner plus étroitement encore aux anneaux d'or de cette base.

Et en effet, depuis que le gouvernement est financier, tout va de bien en mieux pour quelques uns, & de mal en pis pour tous les autres.

═══════════════

LEÇON LIX.

LES SARMATES ET LES ROIS.

LES Sarmates, peuple feroce & belliqueux, tiroient du fang de leurs chevaux, & s'en abreuvoient : les fouverains ne different des Scythes qu'en ce qu'ils n'attendent pas la néceffité & un tems de guerre, pour fe repaître de la fubftance du peuple foumis à leur frein.

═══════════════

LEÇON LX.

LE MARCHÉ D'ESCLAVES.

LA fociété eft comme un vafte marché d'efclaves ou d'hommes, qui fe vendent & s'achetent tout-à-tour. Les petits fe vendent aux grands, les pauvres aux riches; les grands & les riches aux plus grands & aux plus riches. Les courtifans fe vendent aux rois; les gens crédules fe vendent aux prêtres, & ceux-ci aux tyrans. Les femmes

fur-tout fe vendent aux hommes, & quelquefois
ceux-ci à celles-là. Le fage feul s'appartient &
n'entre pour rien dans ce trafic honteux. Auffi eft-
il mal vu de tous ceux dont il a pitié.

LEÇON LXI.

LE FLÉAU DES BATTEURS EN GRANGE.

LE fceptre, entre les mains des rois, eft comme
le fléau dans celles du batteur en grange ; & le
peuple reffemble à la gerbe de bled qu'on bat pour
féparer l'épi de la paille. Il y a cependant cette
différence entre les rois & les batteurs en grange,
que ceux-ci battent rarement en grange pour leur
compte, au lieu que tout le profit eft pour les premiers ; quoique le trône & le tréfor du fifc n'ap-
partiennent pas plus aux rois, que la grange &
le bon grain aux batteurs.

LEÇON LXII.

LES GENTILSHOMMES VERRIERS.

LES hommes reſſemblent à des uſtenſiles de verres fragiles, prêts à ſe caſſer au moindre choc. Une poignée de gentilshommes verriers en font trafic avec plus d'avidité que de prudence ; & pour avoir leurs marchandiſes ſous la main, ils entaſſent ſans précaution ces verreries les unes près des autres dans d'étroits magaſins. Eſt-il étonnant qu'il s'en faſſe tant de dégâts en pure perte ? Trop ſouvent auſſi, ces gentilshommes ſe prennent de diſpute, & ſe jettent les verres à la tête.....

LEÇON LXIII.

LES VIVANDIERS SUR LE TRÔNE.

ON pourroit comparer la ſociété à une armée qui campe. Les villes ſont les camps. Le peuple, c'eſt le ſoldat. Les rois en ſont les *vivandiers*, dans tous les ſens qu'on attache à ce mot.

LEÇON LXIV.

LES PÉCHEURS D'HOMMES.

POUR prendre de certains poiſſons , il faut troubler l'eau dans laquelle ils nagent : pour captiver le peuple , il faut l'environner d'une atmoſphere de ténebres. Les rois font des pêcheurs bien au fait du métier.

LEÇON LXV.

LA CHASSE A LA GRAND'BÉTE.

LES rois font des chaſſeurs déterminés. Le peuple eſt leur gibier. Les miniſtres font les gardes-chaſſes. Les villes font les remiſes où l'on rabat le gibier. Le peuple trop ſouvent reſſemble au cerf aux abois qui , relancé par les chiens , & ne pouvant plus fuir , tâche par ſes larmes d'attendrir le chaſſeur inhumain , & d'éviter la curée dont on le menace. Mais quelquefois auſſi , le

peuple pourroit reſſembler au ſanglier qui, atteint
du coup mortel, revient ſur le trait qui l'a bleſſé,
& mêle à ſon ſang le ſang de ſon meurtrier. Rois !
prenez-y garde. *La chaſſe à la grand'bête* n'eſt pas
ſans danger pour vous. Croyez-en le ſage, renon-
cez à ce paſſe-tems cruel & ſouvent funeſte. Ap-
privoiſez plutôt le peuple. Faites-vous-en un ami.
Il vous rendra plus de ſervice en le conſervant,
qu'il ne vous procurera de plaiſir, en le faiſant
déchirer par vos limiers.

LEÇON LXVI.

LA STATUE DE PLOMB.

EN ce tems-là ; un jeune monarque viſitoit
l'attelier d'un artiſte. Il fut fort ſurpris de voir
une ſtatue de plomb ſur un piedeſtal d'or, &
la fit remarquer au ſtatuaire, qui lui répondit :
Prince ! c'eſt le ſimulacre du nouveau miniſtre.
Le jeune monarque ne répliqua rien ; mais il ſortit,
& le ſoir même, à ſon coucher, il réforma l'in-
digne choix qu'on lui avoit fait faire le matin à
ſon lever.

LEÇON LXVII.

LE PALAIS DES ROIS.

EN ce tems-là; un roi s'énorgueillissoit de la magnificence de son palais. Quelqu'un qui n'étoit pas courtisan, lui dit :

Prince, je connois un animal rampant qui doit son logement à un architecte encore plus habile que le vôtre.... Le limaçon, & je pourrois ajouter la tortue.

LEÇON LXVIII.

L'ARCHITECTE PHILOSOPHE.

UN roi faisoit bâtir un palais, & son architecte lui en montroit le plan. Le prince fut effrayé de l'immense grandeur qu'on lui donnoit. --- Il y auroit de quoi loger tous mes sujets. Votre palais, lui répliqua l'architecte, ne sera jamais assez grand pour contenir tous vos flatteurs.

LEÇON LXIX.

LA CARRIERE DE MARBRE.

EN ce tems-là; un philofophe, dans fes voyages, rencontra un jour fur fa route des monceaux de marbres bruts, pofés circulairement fur les bords d'un large trou qui fervoit d'entrée à un vafte fouterrein. Il s'approcha de l'une de ces ouvertures, & apperçut, dans l'enfoncement ténébreux, des hommes occupés à détacher des blocs.

Les malheureux ! dit le fage en s'en allant. Ils s'occupent d'un palais de marbre, pour loger leur fouverain ; & peut-être n'ont-ils pas un toît de chaume pour s'abriter. Heureux encore, fi la carriere qu'ils creufent, pour embellir la demeure de leur roi, ne devient pas un jour une prifon pour eux. En effet, plufieurs palais de rois, de princes & de prélats ont fini par devenir des prifons: telles que la tour de Londres & Bridewell en Angleterre ; Vincennes à Paris, &c. &c. &c.

LEÇON LXX.

LE PERROQUET ROI.

Dans le cours de mes voyages, je visitai une isle peu connue, quoiqu'assez grande & bien peuplée. Mon premier soin fut de m'enquérir de la forme du gouvernement. Un des habitans me dit : Nous avons un perroquet (1) pour souverain. Je priai mon insulaire de me parler sérieusement. Je ne raille pas, me dit le vieillard. Jadis nous avions pour roi un de nos semblables, comme à l'ordinaire. Mais entr'autres abus, nous nous sommes apperçu, à nos dépens, que la plupart de nos rois, pour s'épargner la peine d'étudier l'art de régner, n'étoient tout bonnement que les échos de leurs mignons & de leurs maîtresses. Ils ne faisoient que répéter sur le trône ce qu'on leur avoit fait apprendre sur leur sopha. Autant valoit n'avoir qu'un perroquet. L'entretien de ce nouveau monarque est bien moins dispendieux. Il ne lui faut qu'une perruche & un maître de langue.

---

(1) *Ex Africa parte Ptoembari , Ptoemphanæ qui canem pre rege habent , motu ejus imperia augurantes.* Plini_s. hist. nat. liv. VI. 30.

Cette révolution, continua le vieillard, eut lieu dans ma jeunefse. La propofition qu'on en fit aux états-généraux de l'ifle paffa tout d'une voix, & depuis lors, nous nous en fommes bien trouvés.

LEÇON LXXI.

LE FOU ROI.

EN ce tems-là; il étoit un fou qui fe croyoit roi. En conféquence, il parcouroit les carrefours de la capitale où il étoit né dans les derniers rangs de la fociété, & revêtu du coftume du fouverain. Il rendoit la juftice à fon gré & de fa pleine auto-rité. Sa folie paroiffant peu dangereufe, on eut pitié de lui, & on lui laiffa la liberté. Il s'en fervit pour mettre de la réforme par-tout où il paffoit. Canaille empefée! difoit-il quelquefois aux ma-giftrats, vous allez au palais de la juftice en bonne voiture, tandis que vos cliens, ruinés par vous, marchent à pied, & ont à peine un bâton blanc pour les ramener dans leur pauvre chaumine. --- Fourbes! difoit-il aux prêtres; vous annoncez au peuple des dieux auxquels vous ne croyez pas vous-mêmes, & l'on hauffoit les épaules en paffant. Quelques-uns fourioient; le roi régnant n'ayant

pas encore ordonné fur fon fort. Ce roi vint à
mourir; il laiffoit un héritier préfomptif, qui n'an-
nonçoit rien moins qu'un bon prince. Les états
s'affemblerent. Un homme du peuple fe leva, &
vint à bout de fe faire écouter. —-Le fucceffeur du
roi défunt ne s'eft point rendu digne du trône au
pied duquel il eft né. Pour éviter toute jaloufie,
élifons ce fou qui nous dit journellement dans nos
carrefours tant de vérités en riant. Effayons-en.
Nous ferons toujours à même de revenir fur notre
choix.--- La bizarrerie de la propofition la fit ac-
cepter. Le fou fut élu roi; & jamais prince fage
ne rendit fon peuple plus heureux : heureux du
moins, autant que les hommes peuvent l'être fous
un roi.

LEÇON LXXII.

L'UN DES INCONVÉNIENS DE LA ROYAUTÉ.

EN ces tems-là; deux marchands voyageoient
pour leur commerce. Ils aborderent dans un pays
où le trône étoit vacant. Pour éviter les fuites
funeftes d'une concurrence, le peuple raffemblé
convint de s'en rapporter au hafard, & de prendre

pour roi le premier étranger qui toucheroit le rivage. L'un de ces marchands fut donc élu à son grand étonnement. Il nourrissoit depuis quelque tems un ressentiment secret contre son associé & compagnon de voyage. Le premier acte d'autorité qu'il exerça en montant sur le trône, fut de faire mettre en prison celui à qui il en vouloit, & de le condamner presqu'aussitôt à la mort. Comme il étoit tard, on sursit à l'exécution de la sentence jusqu'au lendemain matin. La nuit conseille le jour. Le nouveau roi eut le tems de donner audience à ses remords. Il étoit né bon, & la vengeance de la veille n'étoit qu'une surprise de ses sens. L'aube du lendemain vint à peine blanchir le faîte de son palais, qu'il fit assembler le peuple pour lui tenir ce discours : Reprenez votre sceptre ; j'abdique le trône ; je renonce à une dignité qui me donne le droit & le pouvoir de faire le mal. Simple particulier, une heureuse impuissance m'avoit empêché de me venger. Mais avant de redescendre à mon ancien état, j'ordonne qu'on délivre mon prisonnier d'hier. --- Ce qui fut exécuté : & les deux associés poursuivirent leur route dans la plus douce intimité.

LEÇON LXXIII.

LE NOUVEAU ROI.

EN ce tems-là ; après son élection, un souverain fut assailli par la foule de ses amis qui venoient lui demander des graces & solliciter sa libéralité.

Mes amis, leur répondit le prince en les reconduisant, en montant sur le trône, je suis devenu plus pauvre que vous. Je ne m'appartiens même plus. Chacun de vous en particulier ne me demanderoit qu'une goutte de mon sang, je la lui refuserois. Je suis tout à tous, & rien à personne. Je me suis dépouillé entiérement ; & même des vertus que je chérissois le plus, je n'ai gardé que la justice : c'est la seule qu'il me soit permis d'exercer.

LEÇON LXXIV.

LE BON SENS DU PERE DE FAMILLE.

EN ce tems-là ; un roi offrit un jour le gouvernement d'une province à un pere de famille. Celui-ci en remercia le prince qui fut très-étonné du refus, & qui voulut en favoir la raifon.

Je n'ai pas plus de tems, ni de capacité qu'il ne m'en faut pour gouverner ma petite famille; comment pourrois-je régir une province entiere?

Mais moi, répliqua le prince, je fuis pere de famille auffi ; & cependant on m'a confié le foin de toute une nation.

Prince, reprit avec franchife le pere de famille, je ne fais comment vous pouvez fuffire à tout cela. Je vous admire ; mais jamais je ne prendrai fur moi de vous imiter ?

LEÇON LXXV.

LES HABITS.

EN ce tèms-là ; on m'amena un jour un marchand d'habits : choifis , me dit-on, le coftume qui fera le plus de ton goût; veux-tu de cette lévite de lin? — Non ! on me prendroit pour un hypocrite. --- Veux-tu de cet uniforme militaire ? — Non ! puifque tous les hommes font mes freres.—Prends donc cette toge ?—Non ! les enfans des plaideurs me la déchireroient. --- Et cet habit tout d'or ? — Non ! le peuple me confondroit avec ces fang-fues privilégiées, qui s'enrichiffent, en appauvrif-

fant

font leurs compatriotes, & dont le fuperflu coûte
le néceffaire des autres. — Tu ne refuferas pas fans
doute ce manteau de pourpre? Commande. —
Non! je fais trop ce qu'il en coûte pour obéir...
Ce manteau de laine me conviendra bien mieux. —
Quoi! tu voudrois être philofophe? — Pourquoi
pas?

LEÇON LXXVII.

DAMALDER.

PRINCES! approvifonnez vos États, ou craignez
le fort de *Damalder*. C'étoit un roi de Suede, au
troifieme fiecle de l'ere vulgaire, que fes fujets,
victimes d'une longue famine, s'aviferent d'im-
moler à leurs dieux, pour en obtenir un terme à
leurs maux. Ce facrifice ne fit point venir des vivres
plutôt, mais dut produire un grand bien dans la
fuite, en rendant les fouverains plus prévoyans.
Quand donc les peuples feront-ils, par efprit de
juftice, ce qu'ils fe font permis quelquefois de faire
par efprit de fuperftition? Si les rois payoient leurs
négligences de leur tête, fi on les forçoit à fe dé-
vouer au falut de la nation qu'ils ont mis en danger, il ne feroit pas fi facile de bien régner; mais
du moins les hommes en feroient fans doute mieux
gouvernés.

F

LEÇON LXXVIII.

L'OURS, LE SINGE ET LE SOT.

LA place d'un ours est dans les bois d'un misanthrope ;

La place d'un singe est dans la chaise de poste d'un courtisan ;

La place d'un sot est à la cour d'un despote qui craint les gens d'esprit.

LEÇON LXXIX.

LEÇON BABYLONIENNE.

DANS l'Orient, on fêtoit tous les ans une espece de saturnale qu'on appelloit *Lacée*, d'origine Babylonienne. Elle consistoit à faire jouir un criminel de tous les honneurs, privileges & plaisirs affectés à la royauté, dont il portoit les ornemens. Les cinq jours de cette fête écoulés, le héros dépouillé, étoit battu de verges & suspendu.

On a traité cette cérémonie de dérision cruelle

de la loi envers le coupable ; (M. *Paſtoret* , *Zo-roaſtre*, *Confucius & Mahomet*, pag. 44. in-8°.)

N'étoit-ce pas plutôt une leçon indirecte , mais énergique, donnée au ſouverain dans les États duquel cette ſaturnale avoit lieu ? Ne pourroit-on pas préſumer qu'elle fut imaginée comme pour faire en effigie le procès d'un deſpote qu'on n'oſoit juger directement, en réalité.

Quoi qu'il en ſoit, cet uſage mériteroit peut-être d'être renouvellé, en lui ôtant ce qu'il a d'inhumain, & ſur-tout d'obtenir des rois qu'ils daignent honorer de leur préſence cette eſpece de pénodie politique.

LEÇON LXXX.

LE GRAULICH DE LA VILLE DE METZ.

UN roi eſt ſemblable au *graulich* (mot allemand, qui ſignifie *bête monſtrueuſe*).

Le *graulich* eſt une image d'oſier, revêtu de carton peint , repréſentant une eſpece de dragon. De ſa gueule ſort un dard , à la pointe duquel chaque boulanger eſt obligé de fournir un petit pain. Un marguillier de village porte cette figure à la tête de la proceſſion des rogations , & eſt tout fier de fa charge; le peuple danfe autour, crie de joie.

Cet ufage de la ville de Metz eft fondé fur une tradition. Jadis, on n'en fait plus l'époque, il exiftoit fur le territoire de Metz une bête fauve, qui ravageoit tout. St. Clément, un des évêques de la capitale du pays Meffin, eut la hardieffe & la confiance de jetter fon étole fur le col de la bête qui refta auffitôt immobile, & fe laiffa maffacrer.

Comme on voit, à la derniere circonftance près, le *graulich* donne une idée affez jufte d'un roi. Le marguillier de village qui le porte, les boulangers qui le nourriffent, figurent le peuple des villes & de la campagne, fans le fecours defquels un monarque ne pourroit fe foutenir. La populace, qui danfe autour du monftre, repréfente affez naïvement les fujets d'une monarchie, qui fe réjouiffent d'avoir à leur tête un pfanteme affamé, qui dévore leur pain quotidien, mais qui en impofe, & qui leur donne une forte d'importance, du moins à leurs propres yeux.

Le clergé jadis a eu fur les rois qu'il mufeloit, le même pouvoir que le bon évêque de Metz fur le *graulich*.

Cette caricature provinciale eft abolie depuis quelques années; mais la puiffance politique, dont elle peut fervir d'emblême, eft encore dans toute fa force.

J'oubliois de dire que le *graulich* dévoroit, tous

les ans, une certaine quantité de pucelles dont on étoit obligé de lui fournir un tribut : autre fujet de comparaifon, autre trait de reffemblance entre la bête vorace & la perfonne d'un roi.

On dit auffi qu'à Metz, jadis on adoroit des chats...... Il n'y a pas long-tems encore que la coutume de jetter des chats au feu de la St. Jean a été abolie dans cette ville.

Princes! que cet ufage provincial vous rende circonfpects! Ménagez le peuple. Vous le voyez ; il brûle aujourd'hui ce qu'il encenfoit hier.

LEÇON LXXXI.

LES FOURMILLIERES.

EN ce tems-là ; les grands faifoient raffembler dans leurs parcs, & nourriffoient des fourmillie-res, pour engraiffer leurs faifans. En ces tems-là , les petits témoins de ce manege, n'en dormoient pas moins tranquilles; mais ils ne fe réveilloient pas de même; & c'eft alors qu'ils fe rappelloient, mais trop tard, les fourmillieres raffemblées & entretenues pour les grands, les faifans engraiffés par ces fourmillieres, & les grands engraiffés par les faifans.

Il eſt dans quelques provinces de France une maniere d'engraiſſer la volaille, qui pourroit trouver ſon application. Elle eſt telle :

On lie les pattes, & on coupe les aîles des oiſeaux ; puis on leur enfonce une épingle dans le crane, & on les place, dans cet état de ſtupidité & de langueur, au coin du foyer. On leur prodigue la nourriture la plus abondante & la plus ſubſtantielle. Au bout de quelques jours, ces malheureux volatiles deviennent gras, & promettent à leurs bourreaux le mets le plus délicieux.

Le peuple ne ſeroit-il, aux yeux de ſes chefs, que ce qu'eſt la volaille pour les marchands avides, qui vivent de leur embonpoint ?

Peuples ! on cherche auſſi à vous abrutir plus encore que vous n'êtes ; ſeroit-ce dans la même intention ? Prenez-y garde. On vous donne des fêtes ; on a l'air de vous choyer ; mais c'eſt pour s'engraiſſer de votre ſubſtance. On vous ſacrifiera à l'appétit d'une poignée de bourreaux.

LEÇON LXXXII.

LE LOGEMENT DU SAGE.

En ce tems-là ; un ſage choiſit le lieu de ſa demeure préciſément vis-à-vis le ſuperbe palais d'un homme riche. Pourquoi cette préférence, lui dit on? Vous êtes donc bien sûr de vous, pour ne pas craindre de vous laisser tenter, ayant continuellement sous les yeux le spectacle séducteur de l'opulence. Au contraire, répondit le sage; les valets infideles, les maîtresses mercénaires, les faux amis que je vois tous les jours hanter ce palais, me dégoûtent de plus en plus de la condition du maître qui l'habite.

LEÇON LXXXIII.

LE PLAT DU SAGE.

EN ces tems-là; un sage familiarisé avec le spectacle de la misere & des malheureux, fut admis à la table du riche. Après le repas, on lui demanda : eh bien ! que vous semble de tous les mets qu'on vous a étalés ?-- On en a oublié un qui m'auroit chatouillé plus agréablement le palais.-- Et lequel? — Le gland..... Le gland qui m'eût rappellé ce tems heureux où tous les hommes mangeoient au même plat, & chacun selon ses besoins. Alors, on ne mangeoit, dit-on, que du gland; mais du moins tout le monde en mangeoit; les uns ne s'alloient point coucher sans souper, tandis que leurs semblables ne pouvoient dormir, pour avoir trop soupé.

LEÇON LXXXIV.

LA COURTISANNE REGNANTE.

JE me promenois dans les carrefours de la capitale d'un grand empire. Un bruit fourd fe fait entendre, comme un tonnerre éloigné. J'apperçois un char traîné par fix courfiers, rivaux de l'éclair. Plufieurs citoyens graves, de fe détourner avec indignation. J'étois jeune ; je reftai pour voir paffer ce char d'or. Une femme en occupoit feule le fond. Qu'elle étoit belle, cette femme ! Son fein, pour éblouir, n'avoit pas befoin d'une riviere de diamans de Golconde, qui le couvroit. A fes oreilles pendoient deux perles, le prix de deux provinces. Mais fes yeux éclipfoient tout cela. Sa bouche fourioit, comme celle de l'enfant ingénu, careffé par fa mere. La douceur caractérifoit tous fes traits. Qu'elle étoit belle, cette femme ! Je demande fon nom à un vieillard qui n'avoit pas eu le tems de fuir ce cortege : jeune homme, c'eft la premiere des courtifannes du royaume. L'embonpoint de cette belle femme dévore, à lui feul, la fubftance de vingt millions d'hommes. Les hommes, en fe donnant un chef, ont cru s'affranchir de plufieurs tyrans. Il n'en eft rien. Quand le chef devient l'efclave d'une femme, le peuple a autant de maîtres que cette femme a de caprices ; & une femme, belle & maîtreffe d'un roi, n'a pas pour un caprice. Le vice, fous le mafque de la beauté, eft bien puiffant. Pourquoi, m'écriai-je, en quittant le vieillard, pourquoi la vertu ne fe rend-t-elle pas auffi aimable que le vice; pourquoi ne cherche-t-elle pas autant que lui à plaire aux hommes? Elle en obtiendroit certaine-ment la préférence. -- Le vieillard me rappella pour me dire : Jeune homme ! ne blafphême pas la vertu; le vice n'a que les armes de la féduction & l'empire du moment. Il ne feroit pas de la dignité de la vertu de s'abaiffer à ces petits moyens, à ces vils ma-neges.

LEÇON LXXXV.

TABLEAU DE PARIS.

EN ce tems-là ; un foir d'automne, un vieillard penfeur fe trouvoit affis fur le penchant d'une col-line qui dominoit la capitale d'un grand empire. La nuit vint. Le calme, dont il étoit environné, lui permit de prêter l'oreille au bruit confus qui s'éle-

voit du fein de la ville voifine, femblable au mur-
mure fourd des eaux de la mer.

Que font-ils, au milieu de ces amas de pierres,
s'écria alors le bon vieillard, que font-ils les enfans
des hommes ? Sous ce dôme, des prêtres fans pudeur pfalmodient le nom d'un Dieu, dont ils ne
démentent que trop la providence par leur conduite.
Plus loin, un troupeau de femmes cloîtrées, femblables à un bercail où s'eft gliffé le loup raviffeur,
chantent des hymnes pieufes, fans les comprendre,
tandis que leur imagination, fouillée par leurs ex-
tâfes, rêve un bonheur dont elles regrettent l'indif-
cret facrifice. Plus loin, enfermé dans fon cabinet
folitaire, un publicain, d'un trait de plume, affame
toute une province dont il a acheté la dépouille au
prix de fon honneur. Sa femme, loin de lui, parée
pour le crime, va provoquer la vieilleffe lafcive
d'un homme d'État. Chacune de fon côté, fes filles
marchent fur les pas de leur mere. Quel eft ce cri
perçant ? C'eft celui d'un vieillard pauvre, &
n'ayant d'appui que fon bâton. Son fils, qui le mé-
connoît, frédonne dans un char rapide, traîné par
des courfiers fougueux; & dans un carrefour le
char du fils, qui frédonne une arriette, paffe fur
le corps de fon pere renverfé. A l'écart, entre
quatre murailles nues, une famille entiere s'exhorte
à la mort, puifque des voifins riches & fans pitié
lui refufent le premier foutien de la vie. Dans
cette falle, des marchands s'accufent tour-à-tour

d'infidélité dans leur commerce, & tous ont raifon.
Mais le plus pauvre payera les dépens. Ces foupirs
étouffés qui percent avec peine les noirs cachots
de cette prifon d'État, m'annoncent les martyrs
de la véracité. Ils ont fait retomber fur eux les
chaînes du pouvoir arbitraire qu'ils avoient voulu
fecouer & rompre, en faveur de leur compatriotes.
Quelle foible lueur brille à l'extrêmité de la ville?
C'eft la lampe d'un fage. Il veille aux portes du
crime. Il s'eft approché de la demeure du vice,
pour le démafquer & pour le peindre. Semblable à
l'abeille laborieufe, il a fait fon butin, pendant le
jour, en parcourant toutes les claffes de la fociété;
il fe retire la nuit pour rédiger fes obfervations, &
pour compofer des remedes aux plaies honteufes
dont il voit fes femblables couverts.

LEÇON LXXXVI.

LES CHATEAUX DE CARTES
ET LES CHATEAUX EN ESPAGNE.

EN ce tems-là; un vieillard complaifant faifoit
des châteaux de cartes, pour amufer des enfans. Un
courtifan, qui le vit, hauffa les épaules. — A

la bonne heure, dit le vieillard ; mais on rifque moins à bâtir des châteaux de cartes pour des enfans, que des châteaux en Efpagne pour fon propre compte.

LEÇON LXXXVII.

JUSTIFICATION DES MAUVAIS ROIS.

ON parloit mal d'un roi, en préfence d'un vieillard. On reprochoit au prince d'aimer les femmes, la table & le jeu ; de s'abfenter du confeil pour une partie de chaffe ; de ne répondre à aucun placet ; d'accorder fa confiance à celui qui favoit le mieux flatter. Il eft honteux pour un monarque, difoit-on, de fe livrer à de tels excès, indignes d'un homme du peuple.

Mais, répliqua le bon vieillard, eft-ce qu'on ceffe d'être homme, en devenant roi ? Un roi peut-il vivre fans boire, fans manger ? N'a-t-il pas cinq fens à fatisfaire, comme le dernier de fes fujets ? Pourquoi donc reprocher à un roi d'être homme ? Il feroit plus jufte de reprocher à un homme d'être roi.

LEÇON LXXXVIII.

PARALLELE D'UN ROI ET D'UN PERE DE FAMILLE.

J'AI vu le roi du pays où je fuis né. Je l'ai vu dans toute fa gloire, au milieu de fes courtifans, dont il paroît le Dieu. Chaque mot qu'il prononce eft un oracle. Chaque gefte qu'il fait eft un ordre. Devant lui on fléchit le genouil, & la tête refte découverte. On n'ouvre la bouche que quand il daigne le per- mettre. Ce qu'il aime, on l'aime. On hait ce qu'il hait. Malheur à qui diroit *paix*, quand il a dit *guerre*. On le fuit jufques-là où tout autre homme va feul ; & celui à qui il accorde le privilege de lui rendre les foins les plus vils a des rivaux jaloux, qui ne lui pardonnent pas cette faveur du prince.

J'ai vu un pere de famille au milieu de fes en- fans. Je l'ai vu, ne donnant point d'ordres, mais mieux obéi que s'il difoit : *Nous voulons.* Objet des foins les plus tendres, une douce familiarité regne autour de lui. Le moindre nuage qui couvre fon front, alarme tous ceux qui vivent fous fes yeux. Les confeils, les leçons, qui fortent de fa bouche, vont fe graver dans tous les cœurs. Dort-il? c'eft comme s'il veilloit. Le refpeᵉᵗ qu'on lui porte, ne dégénere point en formule ironique. Eft-il malade? on ne penfe point à lui fuccéder. Meurt-il? on ne lui fait point d'oraifon funebre; mais on pleure.

J'aimerois bien mieux être pere de famille que roi.

LEÇON LXXXIX.

ÉCHANTILLON DU JEU DES CONTRE-VÉRITÉS.

EN ce tems-là; du tems que le peuple n'élifoit plus les rois, & n'opinoit plus que par forme dans les affemblées de la république, tout alloit bien. Les mœurs privées étoient le garant de la félicité publique. On vivoit en paix avec fes voifins & avec foi-même. Le commerce en dehors n'étoit qu'un échange de bienfaits. Le luxe en dedans nour-riffoit les arts, & devenoit un lien de plus entre les riches & les pauvres. En ces tems-là; s'il y avoit des pauvres qui fouffroient fans murmurer, il y avoit auffi des riches qui donnoient fans qu'on leur de-mandât. En ces tems-là; quoique chaque porte eût fa ferrure, la bonne foi étoit fi grande, que les maifons reftoient ouvertes, même la nuit, & dans l'abfence du maître. En ce tems; s'il y avoit beaucoup de célibataires, il y avoit auffi beaucoup de ménages heureux. En ce tems-là; on parloit beaucoup de la liberté, fans doute que ce mot n'étoit pas feulement fur les levres. En ce tems; tous les hommes étoient freres; car ils aimoient à vivre enfemble, entaffés les uns fur les autres, dans l'étroite enceinte des murailles de leurs cités. Dans ce tems, il falloit que tout le monde fût heureux, car tout le monde étoit jaloux d'en avoir l'air.

Hélas! dans ce tems-là auffi, on aimoit beaucoup à s'amufer au *jeu des contre-vérités;* & cette page en pourroit bien être un échantillon.

LEÇON XC.

LE PLAISIR ET LE BONHEUR.

UN jour, de grand matin, je me dis : Ayons aujourd'hui du plaifir, à la maniere des gens du monde. Effayons d'être heureux, à l'inftar des heureux du fiecle. Je fortis, & j'allai au lever de plufieurs femmes qui paffoient pour les plus agréables. Leurs minauderies & leur jargon m'amuferent pendant la premiere minute. A la feconde minute

je baillai, & courus ailleurs chercher du plaifir. Je
me promenai aux jardins publics. Au bout de la
premiere allée, je me furpris baillant, & je me dis:
Ce n'eft pas encore là du plaifir. Allons nous affeoir
à la table d'un riche ou d'un grand. J'attendis au
deffert. Le vin m'échauffa la tête; mais mon cœur
refta froid, & je m'endormis. On me réveilla pour
me donner une place à ces beaux fpectacles où l'art,
dit on, furpaffe la nature, en l'imitant. Avant que
la toile fût baiffée, je baillai. Une orgie nocturne
m'attendoit au fortir d'un bal galant..... Eft-ce là
le plaifir, me demandai-je, en regagnant mon afyle
folitaire, où veilloit ma compagne. Cela fe peut;
mais, à coup sûr, (du moins pour moi), le bonheur
n'eft qu'ici.

LEÇON XCI.

L'INCRÉDULE CONVERTI.

LES livres de plufieurs philofophes m'avoient
rendu incrédule, au point de nier toute divinité,
& une vie à venir. Mais, en méditant fur l'état
actuel de la fociété, je retournai bien vîte à la
croyance de mes ancêtres & de ma nourrice. En
voyant le quart des hommes fervi par les trois
autres

autres quarts , j'eus befoin , pour ne pas me laiffer
aller à l'indignation & au défefpoir , j'eus befoin
de croire qu'apparemment un Dieu avoit décidé, de
fa certaine fcience & pleine puiffance , qu'il y auroit
un monde où les trois quarts du genre humain fer-
viroient l'autre quart ; & que , par la fuite , il y auroit
un autre monde où le grand nombre de ceux qui
fervoient , feroit fervi , à fon tour , par le petit
nombre. Si j'ai mal conjecturé , fi ce n'eft pas là
tout-à-fait le plan de conduite de la divinité, je
ne fais plus où j'en fuis. Le chaos qui, dit-on , pré-
céda la création, n'étoit rien, fans doute, en comparaifon de celui qui regne fur la furface de ce
monde créé : & l'enfer , dont on me menaçoit
après ma mort, ne peut pas être pire que la vie
qu'on mene dans une fociété dont les individus
font tous libres & égaux , & où cependant les trois
quarts font efclaves , & le refte eft maître.

LEÇON XCII.

L'ÉPÉE ET LA LOI.

EN ce tems-là ; l'épée & la loi fe difputoient
entr'elles fur le droit de préférence. La loi préten-
doit que les hommes , avec elle, n'avoient pas

G

beſoin de l'épée; l'épée ſoutenoit qu'elle donnoit à la loi toute ſa force.

Témoin de cet *alter-cas*, un ſage leur dit : Calmez-vous. Tant que les hommes feront des enfans imbécilles ou furieux, ils auront un égal beſoin des ſervices de l'un & de l'autre. Votre empire n'eſt pas prêt de finir. Cependant, à quoi ſerviriez-vous, ſi les hommes étoient plus éclairés, ou ſeulement s'ils vouloient s'entendre ? Vous n'êtes ſortis que de leur foibleſſe ; & j'aime à croire qu'un jour, (je n'en verrai pas l'aurore), tous mes ſemblables rougiront de s'être ſervis de vous.

LEÇON XCIII.

DIALOGUE ENTRE LE SCEPTRE ET LA HOULETTE.

LA HOULETTE.

TU es devenu bien orgueilleux, depuis que tu es d'or. Jadis nous ne faiſions qu'un. As-tu oublié que nous étions du même bois ?

LE SCEPTRE.

Tu parles de loin. Mais, depuis que j'ai profité des circonſtances, tant que les hommes voudront bien courber la tête fous mon poids, je continuerai à pefer fur eux. Vas! un peuple eft plus aifé à con-duire qu'un troupeau. Les hommes font encore plus debonnaires que les moutons.

LA HOULETTE.

Mais, à la longue, le joug peut fembler lourd. Si on venoit à le fecouer; fi on venoit à brifer le fceptre, & à ne permettre aux rois que l'ufage de la houlette! ....

LE SCEPTRE.

Je ne crains pas plus cela, que de voir le fceptre paffer entre les mains des bergers.

LA HOULETTE.

Prends-y garde. Il ne faut qu'un inftant d'humeur. Les Dieux ont déjà vu leurs ftatues d'argent, mé·tamorphofées en vaiffelles plattes. Un jour pourra venir, où l'on fera du fceptre un hochet, une marotte dont le peuple s'amufera.

LE SSEPTRE.

Le peuple eft un enfant trop vieux & trop grand.

LA HOULETTE.

Vah! le tems me vengera de tes dédains.

LEÇON XCIV.

EN ce tems-là ; un berger fe pavanoit en mar-chant à la tête de fon troupeau. Il fe difoit, chemin faifant : Les moutons font nés pour les bergers ; rien de plus certain ! Il eft clair que la laine qu'ils portent , fardeau incommode pour eux pendant l'été , eft pour habiller le berger en hiver. Le lait des chevres eft moins pour élever leurs petits , que pour défaltérer le berger. Ils paiffent , fans doute , pour être fervis plus gras fur la table des bergers.

Ce propos du berger , entendu par fes moutons , mît le comble à leurs mécontentemens , & les porta à la derniere extrêmité. Ils tinrent confeil. Avons-nous donc befoin d'un berger pour paître , ou pour faire des petits. ? Comment vivions-nous avant de fortir des bois ; nous étions moins foignés mais plus vigoureux qu'aujourd'hui.

Pendant le fommeil du berger & des chiens, les moutons convinrent de prendre la fuite ; & de ga-gner la forêt voifine , pour y vivre , comme ils vivoient dans l'âge d'or. Ce qu'ils firent.

LEÇON XCV.

LA COURONNE D'OR ET LE CHAPEAU DE PAILLE.

EN ce tems - là ; un roi n'avoit en ce moment-là que fa couronne d'or pour garantir fa tête des rayons brûlans du foleil d'août , à midi. Un pauvre berger n'avoit pas d'affez grands yeux pour contempler cette couronne d'or. Le roi lui dit : eh bien ! changeons enfemble. Donne-moi ton chapeau de paille pour ma couronne d'or. Le berger n'héfita pas. Mais , peu de tems après , fe fentant brûlé par le foleil , il dit au prince : je défais le marché , j'aime encore mieux mon chapeau de paille , qui me met à l'abri , que votre couronne d'or qui brûle au foleil , mais qui ne garantit pas de fes rayons brûlans.

LEÇON XCVI.

LE SOLEIL ET LA MONTRE.

EN ce tems-là ; quelle heure eft-il (demanda un jour à un vieux berger un jeune roi égaré dans la campagne) ? Prince ! il eft midi au foleil. --- Pour toi , (reprit le jeune prince) mais pour moi , l'aiguille de ma montre n'eft qu'à la onzieme heure ; iroit-elle mal ? Non ! (s'écria quelqu'un de la fuite du monarque). Certainement , c'eft le foleil qui fe trompe.

Le berger , homme de fens , s'éloigna en hauffant les épaules , & difant tout bas : vous avez beau dire & beau faire , tous tant que vous êtes à la cour ; le tems ne va pas plus ou moins vîte pour les rois que pour les pafteurs. Chacun à fon horloge ; mais il n'y a qu'un foleil pour tous.

LEÇON XCVII.

LE TOMBEAU DES ROIS.

UN pafteur Nomade rencontra un jour dans es courfes de belles ruines d'un édifice antique,

retraite des oifeaux de paffage. Il en vifita l'intérieur, trouva beaucoup plus de place qu'il n'en
falloit pour s'y loger commodément lui & fon
troupeau. Il réfolut d'y établir fa demeure ; il
étoit d'âge à fe fixer. Il appliqua à fon ufage tout
ce qui fe rencontra fous fa main. Maître de ces
lieux abandonnés depuis plufieurs fiecles, il dif-
pofa de tout à fon gré, certain de n'être point
troublé dans fa propriété.

Un favant, envoyé à grand frais par le prince
régnant, pour faire une recherche exacte & une
defcription détaillée de tous les monumens anti-
ques qui fe trouveroient dans fes États, n'oublia pas dans fon voyage Pittorefque les ruines
qui fervoient d'afyle au vieux pafteur Nomade. Il
entre, & après avoir porté autour de lui un œil
obfervateur, il dit au berger : ami, fais-tu bien
que ce qui te fert aujourd'hui de maifon, étoit
jadis un tombeau.

LE PASTEUR.

A la bonne heure ; dans ce cas, ce vieux bâ-
timent reprendra bientôt fon ancienne deftination.

L'ANTIQUAIRE.

C'étoit le maufolée d'une famille fouveraine.

LE PASTEUR.

Vous ne flattez pas peu ma vanité, en m'ap-
prenant qu'un jour, moi pauvre berger, parta-

gerai la fépulture des rois. Mais , je l'avouerai , je ne fuis pas preffé de jouir de cet honneur.

L'ANTIQUAIRE,

Sais-tu bien que ce vafe , que tu as converti en ruche, étoit une urne qui contenoit la cendre d'un grand monarque.

LE PASTEUR.

Ah ! ah ! & les ordonnances de ce grand monarque étoient elles auffi douces que le miel de mes abeilles ? J'en doute.

L'ANTIQUAIRE.

C'étoit un tyran.

LE PASTEUR.

Tout ceci a donc été fait pour un tyran.

L'ANTIQUAIRE.

Oui.

LE PASTEUR.

C'étoit bien la peine,

L'ANTIQUAIRE,

Qu'as-tu fait de la cendre ?

LE PASTEUR.

Tu en vois quelque part dans mon foyer; elle fert à couvrir mon feu; & le refte à ma leffive.

L'ANTIQUAIRE.

Tu n'as rien trouvé de plus.

LE PASTEUR.

Je n'ai pas beaucoup cherché. Regardez vous-même.

L'ANTIQUAIRE.

Comment ? Le caveau funéraire de la reine est aujourd'hui une étable à vache.

LE PASTEUR.

Pourquoi pas ?

L'ANTIQUAIRE.

Mais je ne me trompe pas. Quoi ! le buste d'un empereur sert de contrepoids à la porte d'un berger.

LE PASTEUR.

J'ai profité du crampon de fer que j'y ai remarqué ; desorte que depuis que je me suis avisé de le suspendre derriere ma porte, ma cabane ne craint plus le vent du nord.

L'ANTIQUAIRE.

Un chef-d'œuvre, dégradé à ce point.

LE PASTEUR.

Cet empereur dont tu admires ici la tête, n'a

peut-être pas fait autant de bien feulement au monde, que fon bufte m'eft utile en ce moment.

L'ANTIQUAIRE.

J'ai ordre du prince de l'emporter.

LE PASTEUR.

Emporte, mais je veux un dédommagement.

L'ANTIQUAIRE.

Quelqu'il foit, il te fera accordé.

LE PASTEUR.

Eh bien ! pour ma récompenfe, promets-moi de dire au prince que tu as vu la cendre d'un grand roi fervant à la leffive d'un berger, fon urne cinéraire converti en ruche à miel, & fon bufte de marbe fufpendu derriere la porte d'une chaumière. Tu diras auffi à la reine que le caveau de fon aïeule n'eft plus aujourd'hui qu'une étable. Tu diras tout cela.

L'ANTIQUIARE.

Oui, oui !

LE PASTEUR.

Tu n'oubliras rien.

L'ANTIQUAIRE.

Non ! non !..... Voilà un berger qui feroit mauvais courtifan.

LEÇON XCVIII.

LE ROI-BERGER.

CONTE PASTORAL,

PAR LE BERGER SYLVAIN.

PENDANT les fêtes confacrées aux déguifemens, un bon roi, jeune encore, fe fit berger.
Un chapeau de paille fur la tête, une houlette à
la main, le vifage couvert d'un mafque, il fortit
précipitamment de fon palais, débarraffé de toute
fa fuite, & ne gardant pour l'accompagner, qu'un
de fes plus fideles fujets, devenu fon intime ami.
Dans cet équipage, il prit le chemin des champs
& alla fe fixer dans le fond de l'une de fes provinces les plus agréables. Il fe mêla auffitôt parmi
les pafteurs du lieu. Une bergerie venoit de perdre
fon poffeffeur ; il en fit l'acquifition, pour fe livrer
tout entier aux douces occupations & aux plaifirs
purs des bergers. Il fembloit qu'il fût né pour cette
condition paifible. Son nouvel état lui plût tant,
qu'il oublia bientôt les honneurs de la royauté,
& ne s'apperçut point que les fêtes confacrées aux
déguifemens étoient paffées.

Cependant l'inquiétude regnoit à la cour du prince. On vit même des courtifans pleurer. On chercha le roi partout où il n'étoit pas. Il n'y eut que ceux qui l'approchoient de plus près & qui foupçonnoient fes goûts, qui s'aviferent de parcourir les provinces & de fe difperfer dans les campagnes. Ils le trouverent enfin à la tête d'un toupeau, careffant fon chien & chantant un air gai.

Prince! que faites-vous!...... Reprenez votre fceptre & remontez fur le trône. Vos fujets vous attendent; & la princeffe que le dernier traité de paix vous deftine pour compagne, arrive. Venez!..

Mes amis! c'en eft fait! vous venez un peu trop tard. La houlette me femble moins lourde que le fceptre. Mon chapeau de fleurs pefe moins fur ma tête, qu'une couronne. Et je fuis plus à mon aife fur ce fiege de gazon, que fur un trône d'or. Mes fujets ne peuvent jamais m'être plus fideles que mes moutons, & que le gardien de mon troupeau. Et je doute que la princeffe que le dernier traité de paix me deftinoit, me plaife davantage que la paftourelle que mon cœur vient de fe choifir. Quand on a été roi & berger, & quand on a le choix entre l'un ou l'autre, on refte berger.

LEÇON XCIX.

LA REINE-BERGERE.

CONTE PASTORAL.

ZERBIN.

JE l'aurai fait attendre. Doublons le pas. Mais qu'apperçois-je, près de la fontaine.... Ce n'eſt pas elle. Qu'elle eſt cette femme ſi richement parée ? J'aimerois bien mieux y voir ma Zerbine, avec ſon chapeau de paille couronné de fleurs. Elle devroit y être, cependant. Approchons.

ZERBINE.

C'eſt lui. Comme il va ouvrir de grands yeux. Je ſuis ſûre qu'il ne me reconnoîtra pas.

ZERBIN.

Je n'oſerai jamais. . . . . C'eſt ſans doute la fille d'un roi.

ZERBINE.

Ne lui parlons pas d'abord. Mais faiſons lui des ſignes.

ZERBIN.

Eſt-ce bien à moi que ce geſte s'adreſſe ?.....
Suis-je bien ſeul ici ?.... Avançons.... Qu'ai-je
donc à craindre ? Grande princeſſe, pardonnez...
Mais je ne me trompe pas. C'eſt toi, ma Zerbine.
Quci ! . . . .

ZERBINE.

Eh oui ! c'eſt moi ; c'eſt ta Zerbine. Ta ſur-
priſe & ton impatience ſont extrêmes. Écoute !....
Comme tu vois, je ſuis arrivée la premiere au
rendez-vous.... Ce que n'auroit pas dû permettre
mon cher Zérbin.

ZERBIN.

Je n'ai pas eu le courage de quitter mon perc
que je ne l'aie vu endormi.

ZERBIRE.

C'eſt bien !... Que je te raconte mon avanture !
Je t'attendois ici avec une proviſion de fruits &
de laitage comme nous étions convenus. Pour
abréger le tems de ton abſence, j'eſſayois la chan-
ſon ſi tendre que tu me donnas à ma fête, &
dont je ne ſais pas encore bien l'air. J'en étois à
peine au refrein qui me plaît tant ;

Si Zerbin étoit roi,
Zerbine feroit reine.

quand je vis accourir une femme grande comme moi , mais d'une beauté fiere & impofante.

Z E R B I N.

Elle n'avoit pas tes graces , j'en fuis bien certain , fans l'avoir vue.

Z E R B I N E.

Ne m'interromps donc pas. Elle s'avance vers moi précipitamment.... Je me recule par refpect & auffi par crainte. Elle étoit éblouiffante , mais elle avoit l'air égarée. Jeune bergere , me dit-elle, bannis toute frayeur & conferve-moi la vie. Tu vois une reine , précipitée du haut de fon trône chaffée de fes États & pourfuivie par des ennemis acharnés. Le foleil eft déjà fur fon déclin , & depuis fon lever , je n'ai pas encore pris de nourriture. Je lui dis : fi du lait , des fruits & un gâteau étoient dignes de vous.... Donne , donne toujours. Et je la vis dévorer ce que nous devions manger enfemble. Ce n'eft pas tout , reprit-elle, changeons d'habits , à l'inftant. Les momens me font chers. Et en même-tems je la vis jetter fur le gazon ce fceptre d'or & cette couronne de diamans , que tu vois , & auffi ce beau manteau d'écarlate qui me pefe tant fur les épaules. Je l'aidai à endoffer mon vêtement de lin qui fût un peu étroit pour elle.

ZERBIN.

Je le crois. Eft-il deux femmes au monde qui aient la taille fvelte de Zerbine.

ZERBINE.

Laiffe-moi achever. Elle s'empara de mon chapeau avec fes fleurs, & de ma houlette avec la guirlande que je voulois garder à toute force. Mais il ne fut pas poffible. Ma chere, me dit-elle, il faut que l'illufion foit complette. La richeffe de mes habits te dédommagera du facrifice. Tu pourras faire le bonheur du berger que tu aimes, en lui apportant pour dot tous ces tréfors.

ZERBIN.

Nous n'avons pas befoin de tout cela pour nous aimer.

ZERBINE.

C'eft ce que je lui ai répondu. Mais elle me quitta prefqu'auffi-tôt, en m'embraffant & en m'ajoutant; bergere, n'envie pas le fort des reines. Adieu. Souviens-toi de moi. Je ne t'oublierai jamais. Puiffé-je te donner bientôt de mes nouvelles.

ZERBIN.

Zerbine !

ZERBINE.

Eh bien !

ZERBIN.

Retournons vîte au hameau. Il ne feroit pas prudent que nous reftions dans les champs avec ces beaux habits. Ceux qui pourfuivent la reine t'enleveroient fans examen, & peut-être... Allons nous en fans tarder. Je crois déjà les entendre.... Comme tu es belle, ma Zerbine !..... Mais je fens que je ne puis t'en aimer davantage.

ZERBINE.

Et moi, quand bien-même je ferois effective- ment reine, comme j'en ai l'air, je fens que je ne t'en aimerois pas moins.

ZERBIN.

Veux-tu permettre à un pauvre berger de t'of- frir fon bras.

ZERBINE.

Ah ! Zerbin ! viens ! que je te ferre dans les miens !

ZERBIN.

Mais qu'as-tu donc aux doigts ?

H

ZERBINE.

Ce font des anneaux & des pierres précieuſes.

ZERBIN.

Qu'allons-nous faire de tout cela ?

ZERBINE.

Je n'en fais rien.... Il me vient une idée. Il faut conferver toutes ces belles choſes ; quand cette pauvre reine me donnera de ſes nouvelles, comme elle me l'a promis , nous ne lui renverrons tout cela , que ſous la condition de me rendre ma guirlande.

ZERBIN.

Ah ! Zerbine ! . . . . .

ZERBINE.

N'en ferois-tu pas autant, pour ravoir le nœud que j'ai attaché à tes beaux cheveux ?

ZERBIN.

Ah ! ſans doute.

Tout en converſant ainſi, ces deux amans che-minoient vers le hameau. Mais , quel moment

pour Zerbin. Des gens armés fe jetterent fur
Zerbine..... Cependant inftruits de leur méprife,
& touchés de la naïveté de fes réponfes, ils
pafferent outre, fans perdre de tems. Arrivés au
village, on accourut en foule du plus loin qu'on
les apperçut. La nouvelle circula en un moment.
On afliégea la cabane de la mere de Zerbine. Les
bergeres fur-tout ne pouvoient fe laffer d'exami-
ner d'un œil avide, toutes les différentes pieces
d'habillemens de la paftourelle, qui fe mit à fon
aife, le plutôt qu'elle put, en fe couvrant de
l'un de fes habits ordinaires. La ceinture de
pierreries, le collier de perles à plufieurs rangs,
les cercles d'or, les pendans d'oreilles, les bou-
cles, les agraffes, la couronne fur-tout, tous ces
différens ornemens royaux pafferent tour-à-tour
de main en main. On en effaya quelques-uns.
Malheureufement il faifoit trop nuit. Les plus
coquettes brûloient d'impatience d'aller fe regarder
fur le plus prochain ruiffeau. Cette ivreffe dura
plufieurs jours. Les vieillards de la contrée fe
perdoient en conjectures, & fe faifoient écouter
des jeunes avec l'attention la plus fuivie. Quelques-uns d'entreux, en maniant le fceptre, fe
dirent : il eft bien lourd. Ce fceptre pefe plus
que nos houlettes.

Zerbine ne fut pas long-tems fans entendre
parler de la reine. Un jour on la vit venir accom-
pagnée d'une fuite nombreufe ; mais elle voulut

entrer feule dans le hameau. On la conduifit chez la mere de Zerbine. Là, elle raconta comme elle avoit eu le bonheur de ne point être reconnue fous fon traveftiffement, comment elle pénétra jufque chez un fouverain allié à fa maifon. Comment elle l'intéreffa & en obtint un fecours pour remonter fur le trône, & punir l'ufurpateur. Cette reine courageufe ne s'étoit annoncée dans le village que par fa fuite. Car pour elle, elle parut devant Zerbine avec les habits de cette bergere. Zerbin qui étoit préfent, lui dit : grande reine, vous venez fans doute reprendre vos riches vêtemens. On vous les a réfervés intacts ; mais vous ne les aurez, ajouta vivement Zerbine, qu'en m'apportant ma guirlande. — Tu parois bien attachée à cette guirlande. — Autant que vous à votre couronne. — Puifque cela eft ainfi, garde mes habits ; car dans mes courfes, je n'ai pas confervé ta guirlande. — Zerbin, oh non ! reine trop généreufe. Remportez tous ces tréfors. Si jufqu'à préfent nous avons échappés à l'envie, nous le devons à notre indigence. — Mais du moins, demandez-moi quelque grace : tout ce que vous défirerez, vous fera accordé. — Écartez à jamais la guerre de notre hameau paifible : nous ferons toujours affez heureux. Et pour conferver la mémoire d'un événement qui nous fera toujours cher, puifque l'iffue vous a été favorable ; qu'on éleve près de la fontaine, où vous avez rencontré Zerbine, un monument durable, fur lequel on life ces mots :

I C I

UNE REINE

FUT TROP HEUREUSE

DE DEVENIR

BERGERE.

La reine fe prêta au defir du berger, & tous les ans, tant qu'elle a vécu, ne manqua pas de venir en pélerinage à la fontaine, & d'y célébrer une fête champêtre, fous les habits de bergere.

LEÇON C.

L'ORIGINE DU PUITS DE LA VÉRITÉ.

PARABOLE.

EN ce tems-là : la vérité fut arrêtée aux barrieres de la capitale des Sybarites. La belle enfant, lui dirent les commis, que contient cette balle cachée fous votre manteau ? --- Des livres étrangers. --- Bons à confifquer ; & vous, condamnée à l'amende. --- Mais je ne poffede rien. --- Eh bien ! nous allons nous faifir de votre perfonne. ---

Et ils alloient exécuter leur contrainte par corps; mais dans le voiſinage du bureau des entrées, la vérité apperçut un puits ouvert. Pour éviter une eſclandre & la perte de ſa liberté, elle aima mieux ſe précipiter au fond du puits, où elle eſt encore; perſonne juſqu'à préſent n'ayant oſé l'en retirer.

F I N.

ACHEVE D'IMPRIMER LE MOIS DE MARS 1976

SUR LES PRESSES DE GRAPHICA SIPIEL

A MILAN, POUR LE COMPTE DE

EDHIS

EDITIONS D'HISTOIRE SOCIALE

23, RUE DE VALOIS - PARIS, 1er

LE TIRAGE A ETE LIMITE A 150 EXEMPLAIRES

NUMEROTES SUR PAPIER VERGE A LA MAIN

ET 30 EXEMPLAIRES HORS COMMERCE

EXEMPLAIRE N^o

www.ingramcontent.com/pod-product-compliance
Lightning Source LLC
Chambersburg PA
CBHW060603100426
42744CB00008B/1300